丛书主编

王大明　刘　兵　李　斌

编委会成员

（按姓氏音序排列）

陈印政　柯遵科　李　斌
李思琪　刘　兵　刘思扬
曲德腾　施光玮　孙丽伟
万兆元　王　静　王大明
吴培熠　杨　枭　杨可鑫
云　霞　张桂枝　张前进

工开万物
实验物理学家

王大明 编

中原出版传媒集团
中原传媒股份公司

大象出版社
·郑州·

图书在版编目(CIP)数据

工开万物：实验物理学家 / 王大明编. —
郑州：大象出版社，2024. 4
(中外科学家传记丛书 / 王大明，刘兵，李斌主编)
ISBN 978-7-5711-1914-0

Ⅰ.①工… Ⅱ.①王… Ⅲ.①物理学家-列传-世界 Ⅳ.①K816. 11

中国国家版本馆 CIP 数据核字(2024)第 214509 号

中外科学家传记丛书

工开万物　实验物理学家
GONGKAI WANWU　SHIYAN WULIXUE JIA

王大明　编

出 版 人	汪林中
项目策划	李光洁
项目统筹	成　艳　董翌华
责任编辑	戴　慧　王世栋
责任校对	李婧慧
装帧设计	王莉娟

出版发行	大象出版社(郑州市郑东新区祥盛街 27 号　邮政编码 450016)
	发行科　0371-63863551　总编室　0371-65597936
网　　址	www.daxiang.cn
印　　刷	河南瑞之光印刷股份有限公司
经　　销	各地新华书店经销
开　　本	890 mm×1240 mm　1/32
印　　张	7.5
字　　数	160 千字
版　　次	2024 年 4 月第 1 版　2024 年 4 月第 1 次印刷
定　　价	30.00 元

若发现印、装质量问题，影响阅读，请与承印厂联系调换。
印厂地址　武陟县产业集聚区东区(詹店镇)泰安路与昌平路交叉口
邮政编码　454950　　　　电话 0371-63956290

总 序

马克思和恩格斯合写于19世纪40年代的《共产党宣言》中，曾有这样一段生动的描述："自然力的征服，机器的采用，化学在工业和农业中的应用，轮船的行驶，铁路的通行，电报的使用，整个整个大陆的开垦，河川的通航，仿佛用法术从地下呼唤出来的大量人口——过去哪一个世纪料想到在社会劳动里蕴藏有这样的生产力呢？"马克思和恩格斯说的那一切，还不过是19世纪的景况。到了21世纪的今天，随着核能、电子、生物、信息、人工智能等各种前人闻所未闻的科学技术的飞速发展，人类社会面貌进一步发生了翻天覆地的甚至马克思那个年代都无法想象的巨变。造成所有这一切改变的最根本原因，毫无疑问，就是科学技术。而几百年来，推动科学技术发展的直接力量，就是一大批科学家和技术专家。

中国是这几百年来世界科学技术革命和现代化的后知后觉者，从16世纪末期最初接触近代自然科学又浅尝辄止，到19世纪中期晚清时代坚船利炮威胁下的西学东渐，再到20世纪初期对"德先生"和"赛先生"的热切呼唤，经过几百年的尝试，特别是近几十年的努力，已逐渐赶上世界发展的潮流，甚至最近还有后来者居上的势头。例如，中国目前不但在经济总量上居于世界第二的地位，而且在科学研究的多个前沿领域也已经名列国际前茅。最可贵的是，中国已经形成了一支人数众多、质量上乘的科研队伍。

利用科学技术来推动社会经济的发展，中国已经尝到了巨大甜头，科学技术是第一生产力的观点深入人心。从政府到民间，大家普遍关心如何进一步落实科教兴国战略、推动创新促进发展，使中国在科技创新方面更具竞争优势，培养和造就出更多的科技创新人才，使中国在现代化道路上能走得更长远、更健康。

为实现上述目标，一方面需要提高专业科学研究队伍的水平，发扬理性思考、刻苦钻研、求真求实、勇于创新的科学精神；另一方面也需要增强和培育整个社会的公众科学素养，造就学科学、爱科学，支持创新、尊重人才的文化氛围。这套"中外科学家传记丛书"的编辑和出版，就是出于这样的考虑。

通过阅读和学习科学家传记，一是可以更深刻地理解科学家们特别是那些在重大历史转折关头做出了伟大贡献的科学家的科学思想和创新方法，二是可以更鲜活地了解到科学家们的科学精神和品格作风，三是可以从科学家们的各种成长经历中得到启发。

本丛书所收录的200多位中外著名科学家（个别其他学者）的传记，全部都来自中国科学院1979年创刊的《自然辩证法通讯》杂志。该杂志从创刊伊始就设立了一个科学家人物评传的固定栏目，迄今已逾四十年，先后刊登了200多篇古今中外科学家的传记，其中包括文艺复兴时期的欧洲科学家、远渡重洋将最初的西方近代科学知识带到中国的欧洲传教士，当然大部分都是现代科学家，例如数学领域的希尔伯特、哈代、陈省身、吴文俊等，物理学领域的玻尔、普朗克、薛定谔、海森伯、钱三强、束星北、王淦昌等，以及天文学、地学、生物学、计算机科学和若干工程领域的科学家。值得指出的是，这些传记文章的作者，大都是在相关领域学有专长的专家学者。例如：写过多篇数学家传记的胡作玄先生，是中国科学院原系统科学研究所的研究员；写过多篇物理学家传记的戈革先生，是中国石油大学的物理学教授；此外还有北京大学、清华大学、上海交通大学、中国科技大学等多所国内著名大学的教授，以及中国科学院、中国医学科学院和中国科技协会等研究机构的专家。所以，这些传记文章从专业和普及两个角度看，其数量之多、涉及领域之广、内容质量之上乘、可读性之强，在国内的中外科学家群体传记中都可以说是无出其右者。

考虑到读者对象的广泛性，本丛书对原刊物传记文章进行了重新整理编辑，主要集中在如下几个方面：一是在总体设计上，丛书共分 30 册，每册收录 8 篇人物传记；二是基本按照学科领域来划分各个分册；三是每分册中的人物大致参考历史顺序或学术地位来编排；四是为照顾阅读的连续性，将原刊物文章中的所有参考资料一律转移到每分册的最后，并增加人名对照表。

当前，中国正处在从制造大国向创造大国转变、急需更多科技创新和科技人才的重要历史时刻，希望本丛书的出版对于实现这个伟大目标有所裨益，也希望对广大青少年和其他读者的学习生活有所帮助。

目 录

001
伦琴 卓尔不凡的实验物理学家

029
卢瑟福 核物理奠基人和培养人才的巨匠

059
密立根 一不留神投身于物理学的文科生

089
布拉格 最年轻的诺贝尔奖获得者

115
卡皮查 经历奇特、成就杰出的苏联物理学家

141
拉比 平民、科学家和政治活动家

167
塞格雷　技术精湛的实验物理学大师

191
吴健雄　与诺奖擦肩而过的华人女实验物理学家

218
参考资料

222
人名对照表

伦琴

卓尔不凡的实验物理学家

威廉·康拉德·伦琴

(Wilhelm Conrad Röntgen, 1845—1923)

1901年12月10日，伦琴因发现X射线而获得第一届诺贝尔物理学奖。从那时起到今天，100多年过去了，又有很多科学家获得了诺贝尔奖。但回顾历史，会发现伦琴确实有其卓尔不凡的地方，他不但是一位精湛的实验大师，同时还是一位卓越的教育家，在实验研究方面有很多创新理念，对培养学生的个性发展和管理大学也有其超前观点，值得树碑立传。

一、蹒跚的求学历程

1845年3月27日，威廉·康拉德·伦琴出生在德国下莱茵省鲁尔河流域边缘的一座小城伦内普，现在已并入附近的雷姆沙伊德市。伦琴的祖父是当地福音教会的会长，父亲弗里德里希·康拉德·伦琴是一个殷实的商人和呢绒厂主，母亲叫夏洛特·弗洛温，出生于荷兰的阿姆斯特丹，她家与伦琴家有表亲关系。她是一位聪明、深明事理的女人，其一言一行在伦琴童年幼小的心灵都留下了深刻的印记。成年后，当伦琴遇到困难时总是会情不自禁地想到：

在这样的困境下我母亲会怎样做或怎样说呢？

沿着这一问题的思考经常引导他摆脱艰难的处境。当时的德意志有 350 多个邦，普鲁士企图用武力把分散割据的德意志统一起来。伦内普虽属普鲁士，但由于战争危机潜伏，1848 年，当伦琴 3 岁时，父亲把自己的企业搬到了荷兰的阿佩尔多恩，伦琴进入了当地的一家私立学校学习，他在学校里没有表现出任何特殊的才能。父母起初希望他成为商人，然后作为独生子继承父亲的呢绒事业，但命运并没有按照父母的意愿去安排。

1862 年底，伦琴进入现属于荷兰的乌得勒支市一所技术学校学习，伦琴在该校的学习情况并不怎么顺利，他在这里因被诬告画了一位教师的漫画而被不公正地开除了学籍，事实上漫画是别人画的。但被开除的事情使他最终失去参加取得中学毕业证书考试的机会，对他顺利进入大学设立了一道障碍。1865 年初，在舅舅的帮助下，伦琴以旁听生的身份进入乌得勒支大学，选修了哲学和几门自然科学课程，其中有巴洛特讲授的数学分析、里斯讲授的物理学。但他没法获得正式的大学学籍。为了能进入大学深造，他去了瑞士的苏黎世，那里不需要中学毕业证书，但对那些没有中学毕业证书的人，学校规定要进行一次专门的入学考试。伦琴因面试表现出色，免去了入学考试，于 1865 年 11 月进入苏黎世工业大学学习机械工程。

苏黎世工业大学位于苏黎世湖旁边的山坡上，依山傍水，景色宜人。校园内，工学部、博物馆、图书馆的大楼都很有高等学府的气派。伦琴在苏黎世工业大学的 3 年中，埋头攻读数学、物理学、机械制图、机械工艺、水文学、热力学和冶金学等专业课程，他的刻苦精神得到了同学们的敬佩。这所大学当时有许多著名教授，例如对广义相对论的成形起了很大作用的克利斯托维尔和在热力学方面做出了卓越贡献的克劳修斯等都在这里任教，伦琴跟随克劳修斯学习热力学课程。

1868年，克劳修斯因受聘为维尔茨堡大学教授而离开了苏黎世工业大学，接任者是孔特。孔特是当时柏林大学著名教授马格努斯的学生，担任教授职位时才29岁，1866年因发明用粉尘图形测量声速的方法而名声大震。他有敏锐的洞察力和非凡超群的实验才能，是19世纪德国一流的实验物理学家。孔特教授一方面在课堂上总是板着面孔，令人畏惧，在学生中以毫不留情、要求严格而著称；另一方面在讲课中则条理十分清晰、深入浅出，富有吸引力。特别是他的实验课，讲究程序，注重方法，追求精确性。伦琴开始听孔特主讲的光学理论课，并在孔特的实验室里做关于气体的种种不同属性的实验。伦琴对孔特老师特别尊重，把他奉为自己的人生楷模。1868年8月，伦琴由于毕业成绩优异，破格提前获得了机械工程师的资格证书，并成为孔特主持的实验物理研究所的助手。孔特在研究工作中的态度是事必躬亲、言传身教，尤其对伦琴特别信任和厚爱。在实验物理研究所协助孔特工作半年后，伦琴开始独立选定了他一直关注的"空气比热"问题作为自己的研究课题，这个问题实际上克劳修斯曾经探讨过。1857年克劳修斯在他的著名论文《论热运动形式》中，初步讨论了比热理论，但是还没有精确地测出定容比热和定压比热的实验比值，伦琴决心完善克劳修斯的热力学理论，补上这个空缺。他在孔特的支持下，经过一年的努力，于1869年6月以一篇有关气体理论的杰出论文获得了哲学博士学位，

随即被聘为苏黎世工业大学的助教。在他的学位论文评语中,有评审者这样评价了伦琴:

在数学物理学方面具有丰富的知识和表现出独立的创造才能。

二、追随孔特的脚步

1869 年,在维尔茨堡大学任物理学教授的克劳修斯接受了波恩大学的邀请,又空出了自己的职位,维尔茨堡大学随即聘请孔特接替这个职务。1870 年,孔特接受这一教职并邀请伦琴一同前往,伦琴欣然同意,追随了孔特老师的脚步。维尔茨堡大学和别的德国古老大学一样,虽然名声在外,但经费并不宽裕,导致物理学研究设备相当陈旧。学校本来答应了孔特扩建实验室的请求,因经费困难而难以全部兑现。孔特和伦琴只能因陋就简,一面自己动手设法改进实验室,一面继续进行从苏黎世带来的研究课题。

当年,伦琴就在权威学术刊物《布坎多罗夫年鉴》上发表了题为《关于空气比热在等容和等压状态下的关系》的论文,这是他博士论文的进一步延续。德国著名科学家威廉·奥斯特瓦尔德对此工作的评价很高,说伦琴早在给孔特当助手时所取得的成果就值得赞扬。

孔特教授也意识到,这位年轻助手的实验才能和富于自我批评的精神,在不久的将来必将助力他成为一名前途远大的实验物理学家。因此孔特对他的要求也格外严格,让他亲自动手制作设备和仪器，学会利用简易的仪器来获得高精度的测量结果。这些经历给伦琴留下了深刻印象，也使他养成了对实验研究讲究精益求精的习惯和对实验工作的深入认识：

> 实验是最强有力的杠杆，我们可以利用这个杠杆去撬开自然界的秘密。

就在这时，孔特老师又面临新一轮的职务跳槽，准备转任斯特拉斯堡大学教授。

斯特拉斯堡大学原属法国，在1871年的普法战争期间被德意志帝国占领。普鲁士首相俾斯麦想利用法国的战争赔款重建斯特拉斯堡大学，且于1872年4月将其改名为威廉皇家大学。重新开办的大学增添了大量先进的研究设备，聘请了很多有才干的年轻教授。例如在化学方面，著名染料专家、未来诺贝尔化学奖获得者阿道夫·冯·拜耳被聘为化学系主任。物理学方面，有33岁的孔特被邀请来组建物理研究所。而27岁的伦琴则继续追随孔特的脚步，作为助手协助他的工作。孔特教授到任后不久就取得了一项突破性进展，即研究出一种在固体和气体中都能测量声音传播速度的新方法，这就是著名的"孔特实验"。伦琴此时也开展了自己的独立性研究工作，致力于电磁学方面的实验。当他把写好的论文交给孔特和拜耳审阅时，他们认为这篇论文写得相当出色，并推荐给斯特拉斯堡大学的学术委员会，帮助伦琴获得一个正式的教职。1874年3月，伦琴终于被委任为该大学的讲师，这为他的继续升迁打开了大门。1875年4月，由于伦琴在实验方面的成就，符腾堡州的霍恩海姆农业科学院任命他为该校物理学和数学正教授职务。

霍恩海姆是位于南德第二大城市斯图加特南边的一个小城镇，霍恩海姆农业科学院就像一座农庄，森林和河流环绕着的校园，木质结构的校舍，到处都有发酵池在"噗噗"地冒泡，散发着酒精的气味。伦琴发现，这里作为一个生活的地方挺不错，但物理实验设备则非常简陋，作为研究单位更是令人沮丧。在霍恩海姆的一年时间里，伦琴常有英雄无用武之地的感觉。这不禁让他对斯特拉斯堡大学的学术氛围更加怀恋。"知徒莫如师"，孔特了解到他的心思后，奔走相告，积极活动，最后设法又把他召回到斯特拉斯堡大学，担任了数学物理学的副教授职务。从正教授到副教授，经济上有一定损失，但对醉心于科研工作的人，收益还是更大一些。

在斯特拉斯堡的学术氛围中，伦琴如鱼得水，研究工作很快就有了新的进展。实际上，伦琴的特长并不在理论，他不是地道的数学物理学家，而是像法拉第一样，具有以直观的形式提出物理理论的能力。他的手稿中很少出现公式，按照德国著名物理学家索末菲的话说，他属于那种不需要"数学拐杖"的人。他凭借着简单的仪器，就取得了令科学界瞩目的研究成果。如同赫兹、马赫、奥斯特瓦尔德和19世纪德国其他的实验科学家一样，伦琴也具有非常高超的动手技能，这是他后来能取得重大成就的基础条件之一。

在斯特拉斯堡短短几年时间内，伦琴就以自己卓越的实验成就跻身知名科学家行列，也引起了同行科学家的瞩目。随后，在亥姆霍兹、基尔霍夫和迈尔等著名科学家的推荐下，伦琴于1879年担任了吉森大学讲座教授和物理研究所所长。

三、吉森岁月

吉森大学建于1607年，到伦琴任职的1879年，已有270多年的历史。该大学的历史高光时刻，是由化学家李比希所创造的。但伦琴并没有赶上与伟大的李比希共事的机会，因为他已于伦琴到任时的6年前不幸离世。当然，伦琴来此并不是为了给李比希的事业锦上添花，而是为了开拓属于自己的未来。

实际上吉森大学当时并没有像样的物理实验室，伦琴到任后，吉森大学倒是给他拨了一笔建设实验室的经费，但数目有限，不能随心所欲地花费。这时候，作为经验丰富、动手能力强的实验物理学家，伦琴的特长得到了充分发挥。他不仅坚持白手起家、艰苦奋斗的精神，而且亲自设计蓝图、动手制作仪器等，起到了言传身教、以身作则的榜样作用。实验室就这样建立起来了，助手和学生也很快到位，教学和科研工作随即展开。

在伦琴的时代，大多数教学和科研工作实际上都没有现成的仪器可资直接利用，多少都需要改造或完全自己制作。科研能力在很大程度上也体现在对仪器的改造或制造方面。这恰好是伦琴的长项。例如他在一项"水蒸气中的热吸收"研究和教学工作中，就利用了自己制作的高灵敏度温度计来指导学生做实验。在实验中，他用本生灯给含有水蒸气的潮湿空气和另外的干燥空气同时加热，并测量它们的温度变化情况。结果表明，潮湿的空气，其温度更加容易升高。由此最后得到了水蒸气比干燥空气更容易吸收热量的结论。

19世纪末，无论改造还是制造仪器，没有机床或其他工作母机，基本都得自己手工进行。这里面就有对手工技艺的要求了。伦琴的手工技艺无疑是很高的，因为他不但把它看作是一种技能，而且还当作是一种休闲娱乐般的调节。他曾写道：

> 我始终认为，当一个人心情不舒畅、郁郁寡欢的时候，手工劳作可以给他带来真正的心满意足；你总是会很快地看到经过自己的努力所取得的既有结论和预期成果。

伦琴也将这个观念贯彻到了自己的实验室，他在实验室的墙上贴的标语是：

> "应当自己动手制造研究仪器！""谁破坏仪器，谁就是我们的敌人。"

伦琴也继承了孔特教授的风格，对待学生相当严肃，以至于在学生当中普遍流传着"伦琴教授是非常严厉的老师"的看法。学生对伦琴教授既畏惧又崇拜，因为他在科研中的成就，使他在吉森大学逐渐取得了非常崇高的地位。

伦琴在此连续任职9年，这是他一生中的重要阶段。他的研究方向也发生了一定改变。他开始涉猎电磁学和光学方面的课题，并取得了多项成就，其中在电磁学领域的成就意义重大。这项成果是在法拉第－麦克斯韦电动力学的基础上取得的。他当时要解决的是，在两块带电的电容器极板之间运动的像玻璃板之类的电介质中有没有磁效应产生的问题。

按照麦克斯韦的电磁理论，不论电场变化与否，电介质中都会有磁效应产生。1878年，美国物理学家罗兰宣布他检测到了运动的静电荷（不流动的电荷）所导致的磁效应，但后来一直没有人再做这个实验。验证罗兰的结果，吸引了伦琴的注意力。他抓住这个课题反复进行实验，终于发现了介质中移动的电荷的磁场，由此撰写了一篇题为《论在一均匀电场中运动的电介质所产生的电动力学力》的文章，于1888年在普鲁士科学院的刊物上发表。这篇论文不仅以实验结果证明了磁效应的存在，而且说明了可以用麦克斯韦理论来定量地解释这个效应。荷兰莱顿大学的洛伦兹不但把伦琴的这一发现称为"伦琴电流"，而且他自己利用"伦琴电流"现象为创立电子理论奠定了重要基础。伦琴这篇论文充分显示了他善于把理论与实验相结合的非凡才能，后来德国物理学家索末菲说，伦琴仅此发现就能够在物理学史上流芳百世。

除"伦琴电流"的发现外，他所做的晶体物理学研究工作也很有开拓性，其中包括对石英的电气特性——热电效应和压电效应的研究。

在吉森大学的9年间，伦琴共发表了18篇论文，这些论文都显示了他"具有超人的智慧、深邃的学识和独特的构思"。这使他赢得了普遍的赞誉，以至于耶拿大学和乌得勒支大学都向他伸出了橄榄枝，邀请他担任物理学讲座教授。但伦琴的心另有所属，他更中意的是维尔茨堡大学。

四、维尔茨堡的辉煌

1888年10月，维尔茨堡大学的实验物理学教授出缺，伦琴与日俱增的声誉，使他成为这一职位的理想继承人。伦琴本人也对维尔茨堡大学情有独钟，这是他早年曾经工作过的地方，也是他科研开始起步的地方。当年因为经济条件所限，他曾与导师孔特教授在此制作过很多研究仪器，如今科研环境已大大改善，没有理由不旧地重返，开展新一轮的事业。伦琴欣然接受了维尔茨堡大学物理研究所所长职务。到任后，他把实验课所有学生召集起来，移植了吉森大学实验室的准则，讲了自己对于维护良好师生关系的要求：

> 你们要知道，研究物理学需要掌握两个武器，那就是设备和计算，其中设备尤为重要，你们必须精心爱护所使用的仪器，这是与我建立良好师生关系的前提，请你们牢记我这几句话！

从1888年到1893年间，即伦琴在维尔茨堡大学当教授的5年里，他在固体和液体性质研究方面发表了17篇具有重要影响的论文，并注重交流，与世界各地100多位同行科学家交换过出版物。

在这些人中，著名的有荷兰的范德瓦尔斯、洛伦兹，英国的丁铎尔、W. 汤姆孙、瑞利，美国的罗兰等。科学界普遍重视伦琴的研究成果，此时的他可以说是已经功成名就，已年近50的伦琴，此时共发表了48篇科学论文，其中包括热电、压电、电解质的电解现象、介电常数及晶体方面的研究等，其实就算不再做任何科学工作，他也能维持自己在科学界乃至在社会上的地位。

果不其然，1894年，伦琴凭着自己作为著名物理学家的声望，众望所归地被委任为维尔茨堡大学校长。但他的个人意愿仍然是从事科学研究，他那时并不知道，自己平生最重大的科学发现还没有登场。

1895年11月，伦琴的校长职务即将任期届满，他一下子轻松下来，又着手自己喜爱的科研工作。此时，伦琴把目光投向了一段时间以来比较热门的希托夫-克鲁克斯管，以及赫兹和勒纳等人的阴极射线相关研究。伦琴首先是感觉他们的研究挺有意思，于是他重复了这些人的实验，并认为其中尚有不少问题需要解决。他当时用的实验仪器是带断路器的火花感应圈、希托夫气体放电管和荧光屏，他先发现了当放电管的薄铝窗和涂有氰化铂酸钡的荧光屏很接近时，荧光屏上有荧光产生，这证明阴极射线在穿透薄铝窗后还具有穿透几厘米空气的能力。为加强实验的准确性，他用硬纸板和铝箔把放电管包起来，以此来消除放电管对外界的影响。

1895年11月8日夜晚，伦琴发现了一个意外现象：为防止紫外线和可见光的影响，不使阴极射线管内的可见光漏出管外，他用黑色硬纸板把放电管严密封好，再接上高压电流进行实验。这时，他发现 1 米外的一个涂有氰化铂酸钡的荧光屏发出了微弱的浅绿色闪光，一切断电源闪光就立即消失。这一发现使他十分惊奇，他重复实验，把荧光屏一步步移远，即使在 2 米左右，屏上仍有较强的荧光出现。当他带着这张涂料纸走进隔壁房间，关上门，拉下窗帘，荧光屏在管子工作时仍继续闪光。伦琴确信，这一新奇现象是迄今为止尚未被观察过的东西。在 1895 年最后的几个星期中，他没有对任何人讲述过自己的观察，无论是协作者，还是同行。伦琴独自工作，以便确认这个偶然的观察现象是否为确定的事实。他用木板、纸和书来实验，这些东西对他来说都是透明的。作为一位谨慎的研究者，伦琴希望得到"完美无瑕的结果"，然后再公布。就像伦琴后来所说的那样，这是一个突然降临到他头上的"伟大的命运"。

在长达 7 个星期的时间内，伦琴独自在实验室里研究这个新东西及其特性。为了排除视力的错觉，他利用感光板把他在荧光屏上观察到的现象记录下来。他吩咐把饮食送到研究所，并在那里安放了一张床铺，以便无须中断地利用仪器，特别是利用水银空气泵进行研究工作。1895 年 12 月 22 日晚上，他说服他的夫人充当实验对象，当他夫人的手放在荧光屏后时，她简直不敢相信，荧光屏上出现了一只戴着戒指、骨骼毕露的造影，而这就是她自己的手！这种实验对伦琴夫人，也像以后对许多人一样，仿佛产生了一种死亡的征兆。

伦琴深信他的观察证据确凿，确信自己发现了一种新的神秘射线。1895 年 12 月 28 日，他给维尔茨堡物理学医学学会递交了一份简洁的通讯文章,题目为《一种新的射线——初步报告》。那时的伦琴对这种射线究竟是什么还不了解,这就是他在第一份通报中按代数上的未知数符号"X"命名的原因。伦琴后来写道:

> 起初,当我做这个穿透性射线的发现时,它是这样奇异而惊人,我必须一而再、再而三地做同一实验,以使绝对地肯定它的实验存在。除去实验室中这个奇怪现象,别的我什么也不知道。它是事实还是幻影?我在怀疑和希望之间弄得精疲力尽,也不想让其他思想干扰我的实验。

1896年初,伦琴把他的新发现公之于众,立即引起了巨大轰动。其反应之强烈、影响之迅速,实为科学史上所罕见。所有研究机构的物理学家都开始仿造伦琴的实验设备,抓紧时间重复他的实验。伦琴陆续收到了W.汤姆孙、斯托克斯、庞加莱、玻尔兹曼等著名科学家的来信,这些热情洋溢的信都赞扬他为科学做出了极大贡献。伦琴曾是科学"普及"的反对者,他担心科学成就将庸俗化。由于这个原因,他自己从未向听众做过通俗普及报道或报告。1896年1月23日,伦琴在他的研究所举行了第一次也是唯一一次公开报告会。报告会上,伦琴请求用X射线拍摄当时在场的维尔茨堡大学著名解剖学家克利克尔的一只手。克利克尔欣然同意了这个请求。过了片刻,拍好的干板经过显影后显示出这位80岁老人形状优美的手骨,全场响起暴风雨般的掌声,克利克尔立即建议把这种射线命名为"伦琴射线"。

同年9月举行的英国科学促进会年会上,协会主席利斯特提出:

按首先明确地向世界揭示它们的人命名。

后来,美国物理学家罗兰认为:

应该把"伦琴射线"和"X射线"的名称并用。

这就形成了后来两种名称混用的情况。同时,国际科学界另一个对伦琴表示敬意的做法,是把X射线(或γ辐射)的照射剂量单位命名为"伦琴"。伦琴的这次报告引起了人们广泛关注,该报告印刷成单行本后,曾经在短时间内出版了五次。它还被译成了英文、法文、意大利文和俄文等多种文字。

X射线被发现后,立刻就在医学界得到了应用。它为医学诊断提供了一个有力的新工具,因为它能轻易穿透人体软组织,通过骨头时却大部分被吸收,透过人体后的X射线透射到荧光屏上,通过强弱不同的荧光像就能看清人体中的骨骼和大部分机体。伦琴发现X射线的消息刚传到美国才4天,美国人就用X射线找出了一个病人腿上的子弹。随后的一个月内,许多国家都竞相开展类似实验,一股热潮席卷欧美,盛况空前。1896年5月,美国发明家爱迪生在纽约隆重举行了伦琴射线展览会,并向观众亲自做X射线表演。

19世纪曾被称为"科学的世纪",科学发现、产业革命等各种新奇迹层出不穷。到19世纪末,一种科学特别是物理学的终结论思潮逐渐浮现。其原因主要是当时经典物理学已经相当完善，它的几个主要分支——牛顿力学、热力学和分子运动论、电磁学和光学等都已建立起完整的理论体系，在应用上也取得了巨大成果。想要继续发展，难度非常大，甚至不可能。很多人认为科学的发展已经到头，后面的工作只能在小数点后几位去找了。

X 射线的发现，揭开了一个过去不为人所知的新世界，大大地活跃了人们的思想，把物理学家们从机械论的教条中唤醒。不久之后，随着法国科学家贝可勒尔发现天然放射性、居里夫妇分离出放射性元素、英国 J. J. 汤姆孙发现电子，以及大量对 X 射线本性的研究，人们不得不对物理学前景进行重新评估，从而推动了新的物理学革命。卢瑟福曾明确指出：

> 1895 年伦琴射线的发现，标志着物理学史上一个伟大时代的开始，标志着新、旧物理学自然的分水岭。

五、在慕尼黑的晚年

1900 年，巴伐利亚政府邀请伦琴转任慕尼黑大学教授、新成立的物理研究所所长和巴伐利亚物理度量衡馆馆长，伦琴对维尔茨堡大学有着深厚感情，他舍不得离开自己功成名就的地方和学校的科学界同人。但维尔茨堡归它管辖，作为巴伐利亚的臣民，伦琴只能服从，他是不情愿地离开维尔茨堡去了慕尼黑。

慕尼黑是巴伐利亚邦首府，16 世纪以来就是行政和艺术中心，慕尼黑大学是当时德国具有很高国际声望的大学。统计物理的主要创始人玻尔兹曼曾在这里工作过，索末菲已在这里主持着一个庞大的理论物理研究所，除此之外还有众多国际一流学科。伦琴到达后，把自己在维尔茨堡大学的严谨管理模式也带到这里。他主持的研究所规模很大，单独占据了一座三层建筑物，主要工作就是研究X射线的本性问题。伦琴在此同时带着十几位博士生，他依然对学生要求非常严格，只有那些作风顽强、勤奋有为的学生才有机会进入伦琴的研究所。

1901年，伦琴由于X射线的发现，成为了世界上第一位诺贝尔物理学奖得主。是年12月10日，在瑞典的斯德哥尔摩伦琴接受了诺贝尔物理学奖。不久慕尼黑大学也召开了庆祝伦琴荣获诺贝尔奖金的大会。伦琴自己其实对获奖这件事看得很淡，他在大会发言时说：

> 对科学家来说，最大的快乐是无论对什么问题，都不能拘泥于偏见，要自由自在地继续进行研究；对研究者来说，没有比问题得到解答时候那样心满意足、无比喜悦的了，无论外界怎样承认或夸奖都比不上它。

伦琴总计获得过6个国家的各种奖章和奖金奖励达21次，还被世界各地的50几所大学和协会授予名誉院士、荣誉博士和会员等。在众多名利面前，伦琴泰然处之，从没表现出张狂或不可一世的骄横，甚至有时还有一种孤独感。这可能与他素来不以物喜的性格以及人变老之后的心态有关。他把自己全部精力都倾注于新的实验研究和培养下一代科学家身上,很少参加科学之外的活动,只是偶尔才参加他所创办的物理学恳谈会以及德国自然科学家和医生协会的活动。1907年以后积极在慕尼黑参与这些活动的青年物理学家玻恩,因未曾见过伦琴而深感遗憾。

伦琴在慕尼黑期间经历了第一次世界大战的全过程,但对战争持反感态度。据他的学生、苏联著名物理学家约飞说,伦琴不属于君主制度的保护者,而是资产阶级自由主义的捍卫者,他在1914年夏天没有屈从于战争的歇斯底里,并且谴责过自己同行们的伪爱国主义。但是,在政治问题上,伦琴跟当时的大多数自然科学家一样,也是经常缺乏远见和轻信别人的人。他曾随大流在德国科学家和艺术家《致文化界》的民族主义呼吁书上签了名,这份呼吁书竭力掩饰德国的战争政策,粉饰德国军队对别国的入侵。事后,伦琴为这件事十分懊悔。当奥斯特瓦尔德在其一元论战争宣言中草拟"德国领导下的欧洲"计划时、当海克尔在《关于世界大战的见解》一书中提出"把从波罗的海经英吉利海峡到直布罗陀的异国领土全部划给德国"的时候,伦琴以警觉的眼光来看这些问题,他希望从"深重的灾难"中拯救祖国,追求"理智的和平",并且反驳了他的两个同行"泛日耳曼主义的方式"。由此可见,伦琴秉持的是反对军国主义、维护世界和平的立场。

1915年3月27日,当伦琴70岁生日的时候接到一封电报,发报者是德国军队的冯·兴登堡元帅,内容是授予他"铁十字勋章",以表彰他所发现的"X射线"对战争救护的贡献。实际上,"X射线"诊断术对交战双方的伤员救护都起到了极大作用,这是令伦琴在战争的煎熬中唯一感到慰藉的事情。

在战争期间那种艰难困苦的条件下，伦琴一方面要照料久病不愈的夫人安娜·贝尔塔，另一方面还要忙于科学研究和人才培养。战争刚刚结束的1919年，妻子贝尔塔去世了，他们没有亲生儿女。在随后的岁月中，他自己孤独地生活。1920年，75岁的伦琴辞去了慕尼黑大学的教职，但照样按时去研究所的办公室进行未完成的工作，主要是整理出版最后一部著作——关于晶体物理学的手稿。伦琴离职以后，来自维尔茨堡大学、于1911年获得诺贝尔物理学奖的维恩成为他在慕尼黑大学的继任者。

伦琴在慕尼黑退休后的生活其实非常困难，甚至可以说是一贫如洗。他本来有一笔存放在银行的5万马克诺贝尔奖金，但这笔钱他从一开始就宣布要捐赠给维尔茨堡大学，后来在生活十分窘迫的时候，他也坚持自己当初的诺言，分文不动。但使他特别痛心的是，这5万马克加上20余年的利息，因战争导致的通货膨胀，在战后已经贬值到微不足道的地步。这使他资助学术发展的愿望落空，对他心灵的打击可想而知。

在贫病交加中，1923年2月10日，伦琴因肠癌在慕尼黑与世长辞，终年78岁。死后骨灰被安葬在吉森家族的一块普通墓地中。

对于伦琴的性格和人品，他的好朋友鲍维利这样评价道：

> 他的突出性格是绝对的正直，我们可以这样说，从哪种意义上讲，他都是19世纪理想的化身：坚强、诚实而有魄力；献身科学，从不怀疑科学的价值；他对人民，

对记忆中的事物以及对理想具有一种少有的忠诚和牺牲精神……

六、远见卓识的教育家

伦琴并不仅仅是个冷静严肃的科学家，他在担任维尔茨堡大学校长和作为教师指导学生的活动中都证明了自己也是个出色的教育家，他本质上也是个热爱生活的人。

1894年，伦琴接任维尔茨堡大学校长时，正是德意志后来者居上、人才辈出的时代。对于大学教育，大家都有自己的想法，而伦琴强调的是科学研究、思想教育和陶冶理想。他在校长就职演讲中说道：

> 大学是科学研究和思想教育的培养园地，是师生陶冶理想的地方，大学在这方面的重大意义大大超过了它的实际价值……只有如此，我们的大学才会被尊重，只有如此，我们对于这种学术自由的职业才能当之无愧……

从他接任维尔茨堡大学校长之日起，他一直遵守自己制订的目标，使这所大学成为研究者的共同体，并开创了严格的学术规则。在大学人事选择上，他不考虑个人好恶、家庭的社会地位，只考虑研究成果的独立性和独创性，以此来决定大学教授的位置。这种激励研究创新的方法，使每个有志于大学教职的人都热衷于科学研究，进而不断在学术上取得成绩。伦琴凭着自己卓尔不凡的个性、严谨治学的作风、脚踏实地的精神，成为维尔茨堡大学历史上最好的校长之一。

作为教师，在思想上，他要求学生要培养探求真理、绝不盲从的批判精神；在学风上，他提倡兢兢业业、踏实求学的态度。他不但自己透彻理解实验物理的研究方法，而且能向学生清晰阐述，他的动手能力和实验技巧也都从不保密，而是向学生倾囊相授。他在慕尼黑的学生弗里德里希说：

> 每次都认真周密地准备实验，每个实验都在全新的高水准上进行……他的讲课为已具备物理专业知识的人们提供了富有智慧的启迪。

他要求学生在任何实验中都要有敏锐的眼光，他为学生选择博士论文方向异常仔细，强调独立精神，提倡学术评判，让他们在科学发展中享受到追求智慧的乐趣。他在给学生出考题时，不仅难度大、范围广，而且不按常规，也不在乎考试结果，他是想通过这种方式来发展学生的能力，培养他们的素质。他也特别注重学生的个性发展，因材施教，他的学生约飞说：

> 伦琴是物理研究所独揽大权的主人，他把研究所组织得非常出色，他作为一个教师得到了人们深深的崇敬，又像一个主考官那样以自己的严谨令人敬畏。

在慕尼黑，伦琴的周围很快就团聚了一大批造诣深厚的年轻物理学家，其中的厄瓦尔德后来成为X射线光谱学方面的专家，弗里德里希和克尼平为冯·劳厄的X射线衍射构想提供了明晰的实验证明，1902年从俄国来的青年约飞后来成为伦琴的亲密合作者和得力助手。约飞1905年在石英晶体压电效应的课题研究中"以最优异的学业成绩"获得博士学位，并于1906年回到俄国。他在以后的岁月中经常去伦琴那里学习访问，和伦琴建立了终身友谊。他还在圣彼得堡创建了一个晶体物理学研究学派，为俄国培养了诸如朗道、谢苗诺夫等一批精英人才，奠定了俄国在晶体学、半导体方面的研究基础。约飞晚年的回忆录中有大量关于伦琴事迹的描述。

七、淡泊名利、热爱生活

X射线的发现使伦琴一举成名，他也清楚知道自己的发现在科学上、医学上和工艺上的巨大价值。然而，他不曾动过任何从这项发现中谋取金钱利益的念头。柏林通用电气协会建议以高价换取伦琴未来的一切物理发现用于技术目的的专利权，伦琴拒绝了这项建议，认为研究成果应全人类共享。美国一家照相器材公司愿出几百万美元买他的X射线发明专利，他也坚决予以拒绝：

发现和发明属于全人类，它们不应当以任何方式受到专利、证书和合同的伤害或受到任何集团的控制。

正如一位美国科学家所指出的：

他的实验室对着专利部门的窗户永远是关闭的。

科学家莱维说：

这是我遇到的一位不仅有伟大的成就而且有最高理想的科学家。

伟大发明家爱迪生也说：

伦琴教授大概从未从他的发现中得到一块钱的收益，他属于那种为了发掘自然奥秘的乐趣和热爱做研究的纯科学家。

伦琴淡泊名利的事迹还有几件。他出生的家乡伦内普市，曾授予他伦内普城荣誉公民的称号，他愉快地接受了。但当巴伐利亚王室授予他贵族爵位时，他却婉言谢绝。当伦琴获得第一届诺贝尔物理学奖后，同平时不参加授奖大会的作风相反，他于1901年12月出席了颁奖典礼，并接受了瑞典皇储授予的奖状、金质奖章和奖金，但谢绝了在授奖典礼上的演讲。这已成为诺贝尔奖历史上唯一的特例。他还做出了另一个决定，就是宣布把奖金全部献给维尔茨堡大学，作为发展科学之用。1904年，伦琴接到转任柏林大学教授和领导帝国物理技术研究所的聘书,这在当时蓬勃发展的德国物理学界是个无上光荣的地位,该职位的第一任是亥姆霍兹,第二任是他的恩师孔特,然而他却因以首都柏林环境的不熟悉为由,拒绝了这个邀请。

当然伦琴也并不是书斋里只知道死读书的书呆子,他除对自己的科学研究事业的执着和痴迷外,其实也非常热爱生活。在大学时代,他就醉心于瑞士的秀美山川,对这种大自然的造化有一种崇拜的心理。他与在苏黎世认识的女友,后来成为妻子的安娜·贝尔塔遍游瑞士,频繁访问阿尔卑斯山谷,他们后来也一再旧地重游,一生游览达40多次。他喜欢登山运动和在旷野和森林中漫游,喜爱划船、滑雪和骑马。他还是一个酷爱打猎的人,终生都保持这一爱好。

伦琴是那个时代最具典型的学者,在那风云变幻、物欲横流的德国,初期经济上极为贫困,社会地位卑微,但却始终坚守着丰富的学术世界和内涵深邃的精神追求,常常能够在嘈杂的尘世中活得自在、充实,耐得住寂寞,心静志坚,尽管他可以借助于自己的发现而获得巨大的利益,但他却不为之所动,并把自己的发现奉献给全人类,这种甘于寂寞,视名利为粪土的生活作风,为现代学人树立了光辉典范。

八、个性鲜明的科研风格

伦琴的科研风格,概括起来可以用十六个字表达:善于思考、勇于创新、锲而不舍、精益求精。这些特点很多科学家都具备,但将其融为一体并形成鲜明个性的，非伦琴莫属。

从历史上看，善于独立思考的人大都有以下特点：博学、爱问、刻苦钻研和重视思维方法。伦琴就是这样的人，具有充盈的学力，知识渊博使他思维缜密而见解深刻，对事物内在本质的透彻领悟使他具有创见性并能预见未来，使科研少走弯路："双眼自将秋水洗，一生不受古人欺。"在伦琴之前，克鲁克斯在1879年就抱怨说：放在阴极射线管旁的底片出现模糊的阴影，勒纳已经看到了阴极射线管附近的荧光，但他并没有认真对待这"莫名其妙的次要现象特征"。伦琴以其锐利的探索眼光、有准备的头脑，对每一个神奇现象穷追不舍，终于取得了突破，这说明伦琴既能集中前人的智慧，又能超越前人，在充分实验研究的基础上通过分析综合，终于提出了自己的真知灼见，这是伦琴作为伟大实验物理学家取得重大发现的内在原因，柏林科学院在祝贺伦琴获得博士学位50周年的贺信中写道：

> 科学史告诉我们，在每一项发现中，功劳和幸运独特地结合在一起，在这种情况下，许多外行人也许认为幸运是主要的因素。但是，了解您的创造个性特点的人将会懂得，正是您，一位摆脱了一切成见，把完善的实验艺术与最高的科学诚意和注意力结合起来的研究者，应该得到做出这一伟大发现的幸福。

关于锲而不舍、精益求精，法国生化学家巴斯德在学术上取得

伟大成就以后,有很多人想知道什么力量使他获得如此巨大的成功,巴斯德说:

告诉你使我达到目标的奥秘吧!我唯一的力量就是我的坚持精神。

伦琴的成功也就是巴斯德所说的坚持精神,他从1870年作为孔特的助手一直到1920年从慕尼黑大学退休,在实验室中整整奋斗了50年,他曾有无数次失败的教训才获得成功的经验。他发现X射线时已在实验室工作了25个年头,他的每一次实验在观察和测量方面所表现出坚持不懈的毅力和实事求是的精神是令人敬佩的。在解决每一个问题时,都做得彻底全面、一丝不苟,他一次又一次地设计新的对照实验来证明所得的结果准确无误,对于任何不以正确的实验为根据的假设都抱怀疑态度;他能够几周持续和反复地做同一个实验得出自己确信无疑的结论;他不论走到哪里,都以极其仔细的观察和精确的测量而著称。成名后,他在接受一位新闻记者的采访时说:

我不是预言家,也不喜欢预言,我继续我的实验研究,我从不发表没有把握的结论。

这种精益求精的科研态度,给有幸见到他的每个人都留下了难忘的印象。德国著名生物学家奥斯特瓦尔德,把天才的自然科学家分为两大类：经典派和浪漫派。他在《伟大的人们》一书中写道：

> 浪漫派第一件关心的事是解决现有的问题，以便为新问题腾出位置，经典派第一件关心的事是彻底地研究现有的问题，以便无论是自己还是同代人中的其他任何人，都不可能再去改善所得的结果。

按照奥斯特瓦尔德的划分，伦琴和亥姆霍兹、高斯一样应属于经典派，他不轻易发表论文，一生总共发表了58篇，这对大科学家来说是极为少见的，但仅凭其第49篇论文就足以名垂青史。这篇以《一种新的射线——初步报告》为题的论文，以精练明晰的方法来透彻地阐述科学研究的成果，成为学术论文的经典，冯·劳厄在评价伦琴的成就时写道：

> 伦琴的发现之伟大，从下述事实即可想而知：……尽管因第一次发现而兴奋激昂，但巨大的勇气和自制力却使他保持镇静和理智清醒。伦琴付出的劳动，使他在1895年和1897年之间写出了3篇论文。这3篇论文对事物叙述得如此详尽无遗，以致在整整10年之中不可能补充任何新的东西。据我所知，在所有论述发现的文章中，疏漏如此之少者寥寥无几，伦琴的论文写得何等精心！

我国现在正处经济转型、学术创新、变革理念、走向世界的一个新的历史时期,伦琴在科学研究上的成功之路是德国当时现代化建设中的一位典型科学家的真实写照。今天,我们对伦琴的科学研究历程作一次历史性的回望和反思,对我国现在的科教兴国和国家创新体系的建立将产生有益的启示。

(作者:杨庆余　周荣生)

卢瑟福

核物理奠基人和培养人才的巨匠

欧内斯特·卢瑟福

(Ernest Rutherford, 1871—1937)

英国伦敦的威斯敏斯特教堂,就在牛顿和达尔文墓附近,于 1937 年 10 月 25 日葬下了物理学家卢瑟福的灵柩。英国国王和首相的代表及多名政要出席了葬礼,皇家学会会长、英国科学促进会主席等著名学者,在挽歌和哀乐声中安葬了这位新原子论的开拓者、核物理的奠基人和培养出众多诺贝尔奖获得者的伟大科学家。由此可见他在英国乃至国际科学界的崇高地位,堪与牛顿和达尔文并列而无愧。苏联著名物理学家卡皮查曾这样评价说:

> 卢瑟福不仅是一位伟大的科学家,而且也是一位伟大的导师。……科学史告诉我们,一位杰出的科学家不一定是一位伟人,而一位伟大的导师则必须是伟人。

一、来自新西兰的优秀生,发展无线电的先驱者

但凡见过卢瑟福的人,都会留下这样的印象:从他高大魁梧的体魄和纯朴敦爽的性格来看,他更像一个农民;从他优雅诙谐的气质及深邃而透彻的思考能力来看,他又像一个科学家。能把农民和科学家形象集于一身的人不多,卢瑟福算其中之一。这可能与他成长的自然条件和家庭环境分不开。

卢瑟福祖籍苏格兰,祖父全家迁到新西兰后以制造车轮为生。

父亲约翰·卢瑟福做过车轮工匠和农民,后来经营木柴和亚麻生意。恰在卡文迪许实验室建立的 1871 年,8 月 30 日卢瑟福出生于新西兰纳尔逊城附近的泉林村。童年受到做农民的父亲和做教师的母亲的双重教育。他母亲是一位有教养和贤淑的妇女,对卢瑟福早年有着重要的影响。她一直保留着曼彻斯特大学物理教授斯图尔特写的一本自然科学教科书,书的序言上有卢瑟福 10 岁时写的一段"批语":

这本书给的知识并不多,但它以与自然接触来训练人的思想,为此,从描绘的一系列简单实验中推导出重要的科学真理,它可唤起和加强学生的观察能力。

这种从简单实验探索重要科学真理的启示,后来成为他终身治学的重要方法。

卢瑟福在少年时代就在数学、物理和制造实验仪器方面显示出不凡的才华。从中学至研究生毕业,他靠获得各种奖学金而沿着学制的阶梯逐步进入科学的乐园。1893 年他以数学和物理两科考试第一名的优异成绩从纳尔逊学院毕业,打破该学校的历来成绩纪录。毕切尔顿教授在科学实验和严格治学方面对卢瑟福后来的科学道路起了重要作用,指导他从 1894 年开始研究交变磁场中铁的磁化及制作磁检波器,并取得从窑洞隔障碍物短距收发无线电信号的成绩,发表了《高频放电使铁磁化》的论文。

1895 年剑桥大学在 J. J. 汤姆孙的倡议下,利用 1851 年创立的博览会奖学金制，卡文迪许实验室在英国首先设立从国外选拔研究生的制度。卢瑟福的名次落在比他高一年级的麦克劳林之后，麦克劳林因结婚而未被选取，录取了卢瑟福作为 J. J. 汤姆孙的研究生。这真是天赐良机，卢瑟福面前打开了通向世界科研中心的道路。

J. J. 汤姆孙了解到卢瑟福的成绩、志向和看了他的论文后，给卢瑟福写信说：

> 我很高兴你能来卡文迪许实验室工作，并将给你一切帮助！

卡文迪许实验室是英国第一个公立的物理实验室，它是为了振兴英国 19 世纪后半叶的物理学，由剑桥大学校长第七代德文郡公爵为纪念著名化学家卡文迪许而倡议和出资于 1871 年开始兴建的。第一任卡文迪许实验室教授是以创立电磁理论闻名的理论物理学家麦克斯韦，他晚年为推进实验物理学的发展和创建卡文迪许实验做出了重要贡献。他创立了有系统的教学和科研相结合的体制，建立了实验室的自制仪器设备和学生自己动手做实验及培养批评精神等优良学风和传统，对实验室百多年的发展产生重大影响。第二任卡文迪许实验室教授是瑞利勋爵，他在学术界的崇高威望和与政界上层的广泛联系，为实验室的发展创造了有利条件。1904 年他把获得的全部诺贝尔奖金献给实验室，作为扩建和购置仪器、图书之用。第三任卡文迪许实验室教授是 J. J. 汤姆孙，由于他在数学上的才能和长于构思实验等优点，而于 1885 年在仅 28 岁时被破格聘为实验室负责人。他是一个思想开放、学风民主、善于运筹和管理的科学家。他适应近现代科学交替时期的历史要求，首次从国际上选拔研究生，录取女生，实行个人和集体研究相结合，广开渠道推进民主讨论。他任实验室负责人长达35年，在把实验室建成现代世界物理学的第一个重要科研中心方面，起了关键性的作用。

能进入剑桥大学并在 J. J. 汤姆孙指导下在卡文迪许实验室学习，卢瑟福喜出望外。他急忙启程，成为第一个到达这个实验室的研究生。他在给女友玛丽·牛顿的信中写道：

> 我是到达卡文迪许实验室的第一个成员……如果一个人得到像 J. J. 汤姆孙这样人的培养，就会安全地得到应有的位置，J. J. 汤姆孙会尽量去帮助他的。

J. J. 汤姆孙打破卡文迪许实验室研究电标准测量、磁学和气体放电的传统，全力支持卢瑟福研究无线电。在这里，卢瑟福改进了他简陋的磁检波器的灵敏度，又制成一个大的磁检波器。1895—1896 年间，收发无线电信号的距离从 0.5 英里增至 2 英里，创当时最高纪录。消息传遍剑桥大学，人们传说：

> 从新西兰来了一只年轻的野兔，它的洞挖得很深。

各学院从卢瑟福身上看到研究生制的优越性，纷纷筹建起来。1896 年 6 月 18 日卢瑟福第一次登上英国皇家学会的讲坛，报告他的磁检波器原理,对于年轻的卢瑟福来说,这是一件了不起的大事。在1902年给《电学家》杂志社的信中,卢瑟福指出这些结果是在马可尼之前取得的,并建议马可尼应用磁检波器,认为它比金属屑检波器好得多。所以,后来英国电报和电话公司曾为无线电的发明权和专利问题,要卢瑟福出来作证,只是由于他的大度和不重私利,才解决了这场纠纷。卢瑟福实际上是发明无线电的先驱者。

二、放射性理论的奠基者,荣摘诺贝尔奖桂冠

19世纪末是近代物理学陷入严重危机和酝酿现代物理学革命的重要时期,1895年X射线的发现揭开了现代物理学的序幕,接着发现了放射性钍和镭。卡文迪许实验室在J. J. 汤姆孙领导下立即投入X射线、气体放电和放射性的研究。卢瑟福在无线电上的研究还没有取得可供实用的结果和应有的承认,J. J. 汤姆孙劝他转入工作急需的气体放电研究,他发现电子所用的仪器和测量方法,不少是卢瑟福设计和研制的。在贝可勒尔发现铀的放射性后,卢瑟福立即用以研究气体离子化,而于1898年发现和命名了 α 和 β 射线,并进而发现钍的放射性。

卢瑟福在研究生毕业时,正值加拿大麦吉尔大学物理教授卡莱达尔应聘去伦敦帝国理工学院任教,J. J. 汤姆孙在推荐他去麦吉尔大学的信中说:

> 在我的学生当中,没有一个在创造性的研究方面比卢瑟福有更大的热情和能力,……我认为实验室能有卢瑟福

先生任物理学教授将是幸运的。

于是，卢瑟福得到聘请。烟草富翁麦克唐纳向麦吉尔大学捐款建立的麦克唐纳物理实验室，有着世界第一流的实验设备。卢瑟福宁愿拿着按当时英国标准看并不算高的每年给教授 500 镑的薪金，也愿意去加拿大工作，因为他把实验设备好坏看得重于金钱。

在麦吉尔大学，卢瑟福的放射性研究是从钍的放射性开始的。他发现钍放射出一种"射气"，使与它接触的物质产生放射性。又发现钍和镭的"射气"及其活性沉淀各有特定的半衰期。这些新奇现象引起他极大的兴趣。就在此时，1899 年底，他的私人生活也发生了变化，他短暂放下自己的研究工作回到新西兰，同多年的女友玛丽·牛顿结婚。1901 年 3 月，他唯一的女儿艾琳出生。

从新西兰归来后，卢瑟福重新投入放射性"射气"的研究。为了搞清半衰期现象产生的原因及定量测定衰变过程，卢瑟福需要一个化学家的帮助。1900 年夏天，拉姆塞的助手索迪到麦吉尔大学做放射性化学示范表演。他们约定进行合作，从而开始了放射性研究的重要时期。他们发现从钍分离出来的钍 X 在几周内失去放射性，而与其接触的钍化物则恢复其原来的放射性，当把测定的数据绘成放射性与时间的函数关系曲线和图表时，发现钍 X 的半衰时间与钍的放射能力加倍的时间相等，为卢瑟福发现的半衰期提供了雄辩的证明。这时，关于放射性的原因有很多说法，开尔文等提出外因论，在 1903 年发表的《关于镭射气的讨论》论文中，认为：

当镭将热量放出到其周围的可称量的介质时,某种以太波可提供给镭以能量。

而卢瑟福和居里夫人则认为放射性是一种原子内在的性质,是放射性元素放射 α、β 和 γ 射线时自发转变为另一种原子时产生的。1902 年卢瑟福和索迪合写的两篇《放射性的原因和性质》论文,受到开尔文的非难。卢瑟福特地赶回剑桥向 J. J. 汤姆孙求援,只是在 J. J. 汤姆孙向《哲学杂志》主编开尔文保证由他负责时,文章才得到发表。这两篇提出放射性变化定律和天然放射性元素家族传递规律而奠定放射性理论的论文,首次突破了古典原子论的框架,引起国际科学界的极大注意。1903 年索迪回英国工作,卢瑟福又与化学家波特伍德合作,发现了镭最终衰变为铅的镭族衰变谱系图。其中 α 粒子是带正电荷的氦粒子,β 射线是负电子束。至 1914 年又与安德瑞德合作证明 γ 射线是一种 X 射线。1904 年他发表著名的第一次贝克里安讲演中,除系统阐述了他在放射性研究中的主要发现外,又提出用矿石含镭量计算铅的生成率,算出矿石(也可测定地球)的年代为五六亿年,否定了开尔文根据引力势能和陨石碰撞理论计算的 2000 万至 4000 万年。当时一个杂志以"地球末日延期"的大标题,头版头条予以报道,开创了用放射性计算地球和古物年代的测龄方法。

1904 年卢瑟福出版了《放射性》一书,被学术界视为经典著作。至 1914 年卢瑟福在《原子结构》论文中对他自己的放射性理论的意义作了这样的评价：

>原子是一个大能库。……放射性现象的研究清楚地表明不仅重元素原子有很复杂的结构，而且这个原子不是永久不变的和不可破坏的……放射性的研究深刻地修改了旧原子概念，……它们的原子有一个有限的生命，并在其自身中播下它们最后灭亡的种子。

他以实验事实，首次突破了统治科学史达2000多年的古典原子论框架。

放射性的研究使卢瑟福闻名于世，1903年他被选为英国皇家学会会员。在给妻子的一封信中他曾预言获诺贝尔奖要10年，结果只用了4年。在1908年庆祝他获奖的大会上，J. J. 汤姆孙说：

>在能向科学做出的一切贡献之中，介绍新的观念是最伟大的。……没有一个人能比得上卢瑟福教授以更严格的态度验证他的观念，没有一个人能比他更接近诺贝尔奖建立者的设计。

在麦吉尔大学时期，他写了40—50篇论文，绝大多数具有第一流的水平。他在美国耶鲁大学做了"放射性衰变"的讲学，1906年在伦敦汇集成书出版。这个时期，卢瑟福进入世界第一流科学家的行列。

三、发现原子核，实现元素的人工转变

1907—1908年间，卢瑟福拒绝了耶鲁大学的高薪重聘，也谢绝了 J. J. 汤姆孙的推荐，没有出任伦敦国王学院的物理教授，而于1908年秋接受了 A. 舒斯特的邀请，去曼彻斯特大学继任朗沃尔斯物理讲座的教授。他再次放弃金钱的诱惑，而宁愿到世界学术中心的英国和 A. 舒斯特建立的第一流物理实验室。他的助手和学生们一致认为他在学术上的最大成就，出现在曼彻斯特时期。如果说在麦吉尔大学，他的成功得力于同助手的合作，那么在这里则应归功于他建立了一个高效能的研究集体和他的卓越组织才能。

放射性的研究，使卢瑟福成为这方面世界上最著名的权威。各国有志于探索原子奥秘的优秀青年物理学家，纷纷奔向曼彻斯特，云集在卢瑟福周围。他们如饥似渴地向卢瑟福学习知识，而卢瑟福则向青年人吸取朝气和智慧，因为他感到这会使自己思想更年轻和更富于进取心。

卢瑟福对放射性已研究了10年，他深知要了解原子及其内部组成，α 射线的动能比 β 和 γ 射线大得多。他开创以 α 粒子轰击原子这种对撞法，至今已成为揭示物质微观结构的典型方法。盖革原是 A. 舒斯特的助手，现在同他一起研制计数器（1913年盖革回德国后予以改进，称为盖革计数器）。1900年，卢瑟福让研究生马斯顿协助盖革用 α 粒子轰击金箔，发现了大角散射现象，有些 α 粒子约以 $90°$ 方向偏转，有的像撞击墙壁一样从原方向射回，箔片越厚、原子量越大，射回的 α 粒子越多，这与过去公认的小角散射不同。卢瑟

福起初认为这有些像一张薄纸将 15 英寸炮弹弹回并使炮弹向发射者自己发射一样不可能。他紧紧抓住通常易于忽略的这个新现象，以其特有的洞察力和直觉，意识到这里孕育着一个重大的突破。他试图从原子内部结构寻求答案。老布拉格以前在信中曾告诉卢瑟福说，日本物理学家长冈半太郎于 1904 年曾提出过原子卫星结构的设想，但未被实验证实过。

卢瑟福认为，大角散射只能用 α 粒子与原子中央存在的密实核相互作用来解释。据当时卢瑟福的数学助手、老达尔文的孙子 C. G. 达尔文的回忆，在 1911 年初期的一个星期天的傍晚，卢瑟福邀他们共进晚餐，谈话中卢瑟福提出了原子有核模型，并请他帮助计算而提出 α 粒子大角散射公式，C. G. 达尔文认为这是他一生中最伟大的时刻。原子核的发现和这个原子结构模型是于 1911 年 3 月 7 日在《哲学杂志》上发表的《α 和 β 射线的散射和原子结构》论文中宣布的，但原子核具有正电荷这一点则是在 5 月发表的《α 和 β 粒子被物质散射及原子结构》论文中提出的。后一篇论文中卢瑟福正确地提出原子由带正电荷的原子核和外围电子组成，指出核和外围电子的不稳定性是放射性元素放射 α、β 和 γ 射线的原因。这个模型和原子核的存在随后被威尔逊用云室法和盖革、马斯顿多次用闪烁法证实。

卢瑟福根据事实批判了开尔文于 1902 年提出和 J. J. 汤姆孙于 1903 年根据小角散射实验予以发展了的原子模型。开尔文认为玻璃体电（即正电）均匀分布在原子内的空间或分布在同心球面上，树脂电（即负电）或电子占据在原子内的部分空间中。J. J. 汤姆孙则于1903年5月在美国耶鲁大学讲学时，提出电子是原子的基本组成单位，把开尔文的上述想法发展为正电均匀分布在原子内，电子则由于与其他电子相排斥和与正电体相吸引而处于原子内的平衡位置，这就是有名的"葡萄干面包模型"。按经典电磁理论，电子绕核运转的同时必以电磁波的形式放射能量，因此轨道逐渐缩小而陨落到核上。卢瑟福敢于突破经典电动力学框架、批判开尔文和J. J. 汤姆孙的原子模型，完全是因他相信实验的可靠性。

显然，卢瑟福对经典电动力学的叛离需要一种新理论的说明，这个任务恰好落在1911年3—6月在他的实验室进修的丹麦青年玻尔身上。玻尔后来一再说这4个月对他的终生起了决定性的作用，这期间他用量子论说明卢瑟福的原子模型及提出核外电子具有定态轨道的思想，并与卢瑟福取得一致的看法，这可由卢瑟福于1912年10月（在玻尔论文发表之前）发表的《放射性物质发射β和γ射线的起源》论文中看出。他写道：

> 总之，证据强烈表明，由γ射线引起β射线或反之，其能量的转变是以确定的单位发生的，这对既定的电子环来说是特定的，并由一环向另一环变化。

这里的"环"就是后来玻尔说的电子定态轨道。玻尔关于原子结构量子论的三篇论文系1913年3月、6月和9月寄给卢瑟福，经后者的仔细审阅和修改后，推荐到《哲学杂志》发表的。他们从此结下终身父子般的深厚情谊，科学界往往将他们的原子模型统称为

"卢瑟福－玻尔原子模型"。在 1914 年发表的《原子结构》论文中，卢瑟福提出原子核半径不超过 3×10^{-12} cm，原子半径约为 10^{-8} cm。他写道：

> 核虽很小，但其自身包含了由强电力紧密结合在一起的大量正和负电荷的很复杂系统……

由此预言或暗示了原子核内存在一种将基本粒子结合在一起的强力。

卢瑟福发现原子核和提出原子有核结构模型，标志着自然观和科学基本观念产生了一次重大的突破，它像雪崩一样引起了一系列重要发现。如布罗克提出核电荷数决定于原子序数，原子性质取决于核外电子数。法詹斯、索迪和鲁塞尔发现放射性位移定律，特别是莫斯莱在卢瑟福指导下发现元素的 X 射线谱线与原子序数的关系，可由各元素的谱线序列预见和鉴定新元素的存在，其价值堪与元素周期表的发现媲美。卢瑟福至此时取得的成就，可从居里夫人于 1913 年在伯明翰举行的英国科学促进会议上的讲话得到说明。她说：

> 卢瑟福博士是一个在世的人，作为镭发现的结果，他向人类赠送了一些不可估价的礼品。我劝英国注意卢瑟福博士，他在放射性上的工作使我大为震惊，伟大的发现很快传开。对这个发现来说，镭的发现只是一个序幕。

1913年卢瑟福出版了《放射性物质及其放射性》一书，系统总结了他研究放射性和原子结构的成果。这个成就不但在科学界，甚至在整个社会都产生了巨大而广泛的影响。第二年亦即1914年，他就被英女王授予"爵士"称号，以表彰他在科学上建立的卓越功勋。

这时候，第一次世界大战爆发了，他的年轻助手和学生纷纷奔向前线，他自己也参加了有关侦察潜艇的研究工作。但是，马斯登用α射线轰击氢原子的新发现一直萦绕在他的脑海，并产生用α射线使核分解及其产生嬗变的思想。他在1917年12月和1918年11月给玻尔的信中写道：

> 我试图以此法击破原子……我希望你能在这里讨论一些我们进行核碰撞的设想。在已得到一些惊人的结果后，还想要得到一些推论的证明，将是一个繁重而长期的事。

大战一结束，他立即投入实验室，用α射线轰击轻元素核，于1919年6月在《哲学杂志》连续发表4篇《α粒子与轻原子碰撞》的论文，宣布发现了α粒子使氧和氮原子蜕变并放出氢核，并认为氢是氮和氧等轻元素的基本组成单元。在卢瑟福家中的一次晚餐会上，根据C. G. 达尔文和福勒的建议，为纪念氢是一切元素组成基本单位的提出者——普劳特，将打出的氢核定名为质子（proton）。

卢瑟福极其敏锐地抓住马斯登新发现的迹象，终于首次实现了原子核的人工分裂和证实了质子的存在，从而登上他在科学征途上的第四个高峰。

卢瑟福及其实验室的成就是巨大的，但他们用的仪器设备则是简单的。用明晰的思想、简单的仪器和简洁的实验，做出最先进而可靠的成果，可以说是卢瑟福从事科学研究的特色，这是他继承和发扬了麦克斯韦为卡文迪许实验室立下的规矩的传统。麦克斯韦应聘为第一任卡文迪许实验室教授时提出三个条件：实验室、图书馆和造仪器的工厂。他指出：那个用自己制造的常引起差错的仪器的学生，比用别人仔细调整过的因而易于相信并不敢弄坏仪器的学生，学到的东西常常要多些。他说：

> 我从不劝阻别人进行实验，即使他找不到正在期待的东西，也可以找到其他的东西呀！

日本现代物理的奠基人长冈半太郎在参观了卢瑟福的实验室后，给卢瑟福的信中写道：

> 我被你所用仪器的简单性和取得的光辉成就所震惊。……我钦佩你用极简单的方法取得了光辉的成果。

四、卡文迪许实验室教授，培养人才的巨匠

1919年，年事已高的 J. J. 汤姆孙从卡文迪许实验室退休，担任了剑桥大学三一学院院长。作为第三任卡文迪许实验室教授，他在

把这个实验室发展为现代世界物理学研究的主要中心上起了关键性的作用。要遴选麦克斯韦－瑞利－汤姆孙的继承人是一个事关重大的问题。像学术界普遍看法一样，J. J. 汤姆孙终于选择了他的得意门生卢瑟福担任第四任卡文迪许实验室教授。但是，J. J. 汤姆孙在这个实验室工作已达 40 年，他希望仍留在实验室做一个研究人员，并仍享有原有的研究条件：房间、助手和实验室。卢瑟福非常尊重自己的老师，但他担心打破只有一个教授的传统会给工作上带来不便。他们四次通信磋商，终于达成协议，J. J. 汤姆孙只保持必要的研究条件，而把卡文迪许实验室教授和实验室指导权让给卢瑟福。这在科学史上已成为让贤的一个范例。1919 年 4 月 2 日，卢瑟福被正式任命，夏末他开始走马上任。

在卢瑟福面前的实验室，处于战后恢复时期，主要研究人员离散，急需招收和培养新一代的研究人才。在曼彻斯特时期，在他周围的都是知识基础扎实并做出重要成绩的优秀人才，他把主要精力放在研究上。而现在，他必须把主要精力放在造就人才和使他们多出成果方面。卢瑟福是科学史上培养第一流科学人才最多的科学家，他培养的科学家中仅诺贝尔奖获得者就达 13 人。在麦吉尔时期，他的助手中后来获诺贝尔奖的有索迪和哈恩。他在曼彻斯特时期造就了大量第一流人才，其中玻尔、赫维希和查德威克后来都获得诺贝尔奖。人们公认如果莫塞莱没有在大战时中流弹牺牲于前线，肯定也会获得诺贝尔奖。在卡文迪许实验室，卢瑟福造就了更多的优秀人才，仅得过诺贝尔奖的就有阿斯顿、阿普顿、布莱克特、考克罗夫特、瓦尔顿、狄拉克、鲍威尔和卡皮查。

除前面提到的索迪和玻尔外，阿斯顿原是 J. J. 汤姆孙的助手。他于 1919 年发明的质谱仪可测定大量元素的同位素，于 1922 年获诺贝尔化学奖。哈恩于 1905 年在麦吉尔大学做过卢瑟福的助手，此后一直从事放射性化学和核物理的研究，1938 年发现铀核裂变，于 1946 年获诺贝尔奖。赫维希原是卢瑟福在曼彻斯特时的助手，在卢瑟福的指导下研究放射性元素在生物体内的示踪问题，1922 年他在哥本哈根又用莫塞莱法发现铪，于 1945 年因这些发现获诺贝尔奖。虽然卢瑟福的实验室主要研究放射性和核物理，但是他仍不遗余力地爱惜和使用有才华的其他专业的人才。如阿普顿、考克罗夫特、狄拉克和卡皮查都是学电气工程的，却受到卢瑟福破格的欢迎和全力的帮助。战后，阿普顿到剑桥大学，希望继续研究无线电，卢瑟福要他搞核物理，他说："我将违背你，向前进。"在卢瑟福的帮助下，他终于在 1930 年发现了电离层，于 1947 年获诺贝尔奖。1937 年卢瑟福去世时由阿普顿代理指导实验室，后来人们认为如果他能做第五任卡文迪许实验室教授，这个实验室将在射电天文学、微电子技术等方面做出更重大的贡献。

考克罗夫特原是卢瑟福在曼彻斯特大学的本科学生。他执意要随卢瑟福到剑桥大学做研究生。卢瑟福说你只有考取第一名我才录取你，后来他果然以最优异的成绩进入卡文迪许实验室。1928 年伽莫夫在玻尔理论物理研究所根据量子力学提出核势垒存在隧道效应。该年 10 月他访问剑桥大学时，同卢瑟福和考克罗夫特讨论，提出按此理论用能量不大的 α 粒子可击穿核，因此可以制造一台低能加速器。这个看法得到卢瑟福的同意和支持。卢瑟福说："我一辈子也没花那么多钱，看你们怎么办。"结果由荷兰利物浦电器公司制成60万伏高压倍加器。1932年3月考克罗夫特和瓦尔顿用它加速质子轰击锂核，产生高速α粒子，实现锂核的人工蜕变，证明了量子力学处理微观粒子问题的正确性，并将α粒子的动能变化与反应粒子的质量联系起来，首次验证了爱因斯坦质能关系式的正确性。考克罗夫特和瓦尔顿因此于1951年获诺贝尔奖。

卡皮查是苏联人，1921年来到英国剑桥大学做研究生，他在高压电磁场和低温物理方面的才华受到卢瑟福的特别器重，便用工业家蒙德捐献的部分资金为他建立了著名的蒙德实验室。卡皮查后来在低温物理上的重大贡献发端于这时的研究。以他为首的卡皮查俱乐部，主要成员有考克罗夫特、布莱克特、狄拉克和奥里凡特，他们探讨重大物理问题，制度严格，学风民主，促进了卡文迪许实验室的发展。1934年他回苏联探亲被苏联政府挽留。卢瑟福为此很伤心，亲自给苏联政府写信并派狄拉克等去交涉，都未成功。为了卡皮查在回到祖国后能继续从事科学研究，卢瑟福将卡皮查使用的设备全部送给苏联，并派考克罗夫特去帮助安装。卡皮查被迫留在苏联后心情一直不好，卢瑟福至少每隔两个月给他写一封信，劝他道：

> 你将来的幸福要靠你埋头于实验室的工作，过多思虑往事，对任何人都没有好处。

卡皮查后来对苏联物理学特别是低温物理的发展起了重大作

用，因此于 1978 年获得诺贝尔奖。

狄拉克原学电机工程，大学毕业后学物理，在理论物理上有众所周知的重大贡献，但是他的实验技术不行，他的工作得到卢瑟福及卢瑟福女婿福勒的很大帮助。卢瑟福对他的空穴理论十分赞赏，常开玩笑地问："你的空穴怎样了？你的空穴存在吗？"他的空穴预言与布莱克特于 1932 年用自动化云室发现宇宙射线正电子有直接的关系。显然狄拉克获诺贝尔奖是人们所预料的。

布莱克特也是在战后做卢瑟福的研究生的，起初接替要回日本的清水，从事改进云室为半自动化的工作。他按卢瑟福的要求，用这种云室测定 α 粒子轰击轻元素核的径迹。至 1924 年夏天，他共拍 25000 张照片、44 万条径迹，其中发现有 8 条呈现卢瑟福曾发现过的原子人工转变产生的粒子径迹，即轰击后只出现氮核和从氮核打击氢核的径迹，而 α 粒子的径迹消失了。这种图像说明 α 粒子被氮核俘获转变为氧的同位素 $_8O^{17}$，因而首次人工制成同位素并且为卢瑟福于 1919 年实现元素人工转变提供了确证。1931 年制成计数器自控的云室，从宇宙射线中发现 γ 射线轰击大气粒子会产生正负电子对，证明了狄拉克的"空穴"预言。次年，又独立地从宇宙射线中发现正电子，客观上起了验证安德森稍早发现正电子的作用。由于这些重要贡献，他于 1948 年获诺贝尔奖。鲍威尔于 1925 年来到卡文迪许实验室做研究生，在卢瑟福指导下研究核物理，于 1927 年获得博士学位后成为丁铎尔的助手。他是用乳胶照相法研究宇宙射线的发明者。1946 年鲍威尔在阿尔卑斯山顶实验室用此法发现了 π 介子（汤川秀树所预言的）和 μ 介子，因此于 1950 年获诺贝尔奖。

在卢瑟福学生中值得特别提及的是查德威克,他是卢瑟福在曼彻斯特时期的研究生。他于1913年随盖革去德国研究核物理。第一次世界大战期间,被作为人质关入监狱,但他克服重重困难在狱中仍做研究,并与被俘的英国军官埃利斯合作。战后,他们回到卢瑟福身边,查德威克成为他最得力的助手。卢瑟福早在1920年的第二次贝克里安讲演中,从氢及其同位素的性质比较出发,预言了具有与质子同质量但电荷为中性的粒子(1927年明确定名为中子),并预言它作为子弹对核具有更大的穿透力。卢瑟福要查德威克通过实验去寻找它。1932年5月,查德威克终于沿卢瑟福的思路通过实验发现了中子。中子的发现在核物理的发展中具有重大意义,它不仅标志着基本粒子物理学的诞生,而且作为轰击铀核的子弹,对后来发现快、慢中子引起核转变、铀核裂变与原子能大规模释放创造了条件。为此,查德威克于1935年获诺贝尔奖。

在卡文迪许实验室,卢瑟福手下有五员大将:查德威克、布莱克特、考克罗夫特、埃利斯和奥里凡特。埃利斯在德国监狱中向查德威克学习了放射性和核物理知识,来实验室后在卢瑟福指导下从事这方面的研究。1919年C. G.达尔文提出β衰变过程中能量不守恒,后来玻尔根据当时观测的β衰变能谱,提出统计上守恒、对于单个过程是不守恒的假说,引起学术界很大的争论。埃利斯花了十几年时间终于将核外与核内放射电子产生的能谱分开,搞清了β衰变的真正能谱,为泡利提出三体衰变和费米建立β衰变理论和提出中微子概念,创造了条件。这个工作得到泡利的高度评价。据说他后来因未能获得诺贝尔奖而气愤地去做燃料部部长了。奥里凡特是澳大利亚人，在战后成为卢瑟福的研究生和助手。1934年与卢瑟福一起发现了氢的同位素——氚。

1930年，卢瑟福与查德威克、埃利斯合写并出版了《放射性物质的辐射》一书。1937年卢瑟福又发表了《新炼金术》。这两部著作系统总结了他多年研究的一系列重要成果，指出古代炼金术家的幻想在今天科学基础上变成了现实。

值得特别一提的是我国一些物理学家，在20世纪二三十年代曾有幸得到卢瑟福的教诲。颜任光约在1925年，赵忠尧在1931年，先后到卡文迪许实验室做过短期访问学者。赵忠尧于1933年写的《硬γ射线与原子核的相互作用》论文，实际上已独立地发现正负电子对，经卢瑟福推荐和加批语后由《自然》杂志发表。1937年卢瑟福致信赵忠尧，欢迎他到卡文迪许实验室做访问学者，从事较长时间的研究，但因七七事变爆发未能成行。我国到卡文迪许实验室做卢瑟福的研究生的科学家有4人，他们是霍秉权（1930—1934）、李国鼎（1934—1937）、张文裕（1935—1938）和周长宁（1937—1939）。他们亲受卢瑟福的教导和卡文迪许实验室优良学风及传统的熏陶，对我国的物理学的发展不同程度上都做出了贡献。

20世纪二三十年代，卢瑟福由于在科学研究和造就人才上取得的重大成就，已经成为世界上影响最大的物理学家。1923年他当选为英国科学促进会主席，1925—1930年任英国皇家学会主席，1930—1937年任英国科学和工业研究部的顾问委员会主席。在这些重要的学术岗位上，他恪尽职责，以自己的学识、影响和卓越的组织才能，对英国科学技术发展起了重大作用。1933年希特勒开始掀起大规模排犹运动，将大批优秀科学家驱逐出德国时，仅到英国的犹太学者就达1200人之多。卢瑟福拍案而起，主持正义，倡议并组织万人募捐大会，同爱因斯坦一起发表讲演。1934年和1935年，他相继发起和担任学术援助委员会及保卫科学和知识协会的主席，为大批科学技术专家安排了工作。爱因斯坦、玻恩和亥特勒等都是应他的邀请去剑桥大学的，不久爱因斯坦应普林斯顿高等研究所之聘，赴美任职。

1931年元旦，卢瑟福被授予勋爵，这是英国科学家可能得到的最高社会荣誉。但他却一再声明不要叫他"勋爵"，仍愿以一个平凡的科学工作者自居。

五、科学思想、方法和学风

卢瑟福的著作与爱因斯坦的有着明显不同的是，他几乎没有一篇专门系统论述科学思想、方法和学风问题的，甚至引用科学哲学词汇的地方也很少。

但是，这决不能表明卢瑟福不重视科学思想、方法和学风问题。仔细研究一下卢瑟福的著作、讲演稿和他的科学活动，就自然会发现其中始终存在一条主线，他的学生们称这为"卢瑟福的研究路线"，他的朋友们叫作"卢瑟福学派"。这就是：全实验室和谐一致地合作，运用实验的方法，明快而可靠地揭示科学真理。

卢瑟福继承了英国的实验哲学传统，但既不像它的奠基者培根那样去从哲学含义上探讨哲理，也不像牛顿那样"不做假说"，更不像法拉第那样单枪匹马地只从实验中寻求答案，而是在现代科学研究的条件下，在卡文迪许实验室的传统和经验的基础上，做了很大的发展。

卢瑟福相信从实验事实出发，突破和提出新的概念和理论。但是，这种概念和理论只有得到实验的验证时才能信得过。对那些经反复实验验证的新概念和新理论，卢瑟福又敢于维护。因为这样，在20世纪初期，他曾在镭放射性的来源、原子是不是最基本的物质组成单位、地球年代的测定和原子结构模型等问题上，与英国当时的物理学权威、晚年趋于保守的开尔文勋爵，发生了四次严重的争论。当爱丁顿在一次会议上说电子只是一种观念时，卢瑟福应战说：

你侮辱我心爱的女人，不存在！不存在！为什么我看到电子像餐桌上的汤匙一样清楚。

卡皮查曾给卢瑟福起了个"鳄鱼"的绰号，象征他像鳄鱼一样吞吃知识，那样勇猛地追求科学真理。

卢瑟福在培养研究生时，凡属重要的实验，特别在发现新的现象时，他总要亲自做一遍，以弄清真实情况。每当学生陷入错误的理论或对实验情况说不清楚时，卢瑟福就让他"回到实验室去！重做实验！"

在国内外科学史研究界，有一种卢瑟福不重视理论的说法，这一方面是由于在量子力学刚出现时，他认为用经典理论能说明他发现的低能核物理和放射性现象。这时，他说过：

理论物理学在玩弄数学符号游戏，而我们在卡文迪许实验室做出可靠的事实。

对于海森伯的测不准原理，他认为：

对我来说，它是非科学的，而且从一个不可能用实验证明的理论去直接或间接地广泛推论，是危险的。

另一方面，曾到中国来讲学的巴基斯坦物理学家萨拉姆提到卢瑟福不重视量子力学，所以在卡文迪许实验室的学生不学量子力学时，当时在我国的科学家中造成了一定影响。事实是当卢瑟福与伽莫夫合作，并在高压倍加器实验后，证明量子力学计算高能 α 粒子引起核转变比经典力学更准确时，卢瑟福便很快改变了看法。他赞扬薛定谔的波动力学，对伽莫夫应聘去美国非常惋惜。他曾与数学家 C. G. 达尔文合作，这已传为美谈。他对狄拉克的支持和赞赏也可作为他重视理论工作的明证。据我国物理学家张文裕教授介绍，卡文迪许实验室是学量子力学的，卢瑟福讲课中曾一再提出理论特别是量子力学的重要性。所以，卢瑟福并不像有的人所说的那样，对理论的态度那么不近人情和"霸道"，而是他作为一个实验家，当时采取了谨慎态度。对实验中产生的复杂理论问题，他有一句口头语："让理论家去照顾它吧！"

卢瑟福作为核科学的奠基人，对原子能的大规模释放和利用，曾一度做过不恰当的预言。1933年他讲过：

我们不能控制原子能达到有任何商业价值的范围，并且我相信我们不像有能力做到这一点。

1936年他又说：

当全部有效的进展随着轰击粒子能量的增加而提高时，用此法从原子中得到有用的能量是少有希望的。另一方面，中子的最近发现及证明其以低速产生核蜕变的有效性，打开了新的可能性，……但对于用于技术目的来说其规模则太小了。

这些后来被事实否定的预言经常被人引用是可以理解的。他明确指出："我们对物质的兴趣是纯科学的。"他对原子能的应用不感兴趣，让学生不要把精力老放在这里，应多搞些切实可行的东西。

卢瑟福的一个学生说，他的成功在于"善于领导一个科研集体"，这句话有一定道理。20世纪与过去的科学研究不同，理论深、学科多和实验仪器精密而复杂，为了适应这个特点，研究方法也必须从以个人为中心转变到将个人的才能与集体的力量结合起来。J. J. 汤姆孙适应了这个转折，取得了成功，他的学生和继任者——卢瑟福则有了更大的发展。

卢瑟福在领导科研集体上有一个发展过程。他在麦吉尔时期是与几个人合作,曼彻斯特时期和1930年前的卡文迪许实验室时期则是一个小集体。1930年后由于加速器的出现,实验研究必须靠很多人协作,从此开始了较大规模的集体研究时期。这个发展过程主要是由实验设备的复杂程度决定的。

卢瑟福深刻认识到继承在科学发展中的重要性和善于组织一个科研集体的重要性。他认为科学研究:

很大成功和智慧应归功于过去时代那些伟大人物的劳动,他们明智地奠定了可靠的基础,在这个基础上科学家们才创造了今天。

实验工作使他深刻认识到:

科学是逐步前进的,每个人依赖于它的先行者的工作。当你听到一个发现时,可肯定地说它是由一个人对另一个人的影响产生的。科学不是取决于一个人的思想,而是取决于几千个人共同的智慧,所有的人想一个问题,而且每个人做它的部分工作,添加到逐渐建立起来的知识大厦之中。

同时他也强调了科研领导人的重要性。他说:

这样的科研组织者应该对科学研究有卓越的能力，并激励和指导别人沿有成果的路线进行研究，这样的人是很少的，但对于一个研究组织的成功却是本质的。

卢瑟福是这样一位科研领导者，他的学风民主，把一个科研集体组织得像一个和睦的大家庭。对不同国家、信仰、性别和能力强弱的研究者、助手和学生，都能做到平等公正待人，而且一旦接受就负责到底，把你引向成功之路。卢瑟福的心和实验室紧密相连，他的情绪和大家共通。玻尔说过他早晨到来时有如太阳突然照耀，有时又像天空突然笼罩着乌云。当卢瑟福在走廊哼着"前进！基督的战士！"时，说明实验室工作正常；当他哼着挽歌时，说明贵重的仪器被损坏或出现重要的疑难。他的一句诙谐的话，常常使沉闷的气氛一下子活跃起来。

卢瑟福对学生和助手的研究课题非常重视，他参与制订重要的研究计划和实验方案。在选题上，他很尊重学生的特长和爱好，从不强求。如果你一时定不下来选题，他就为你创造条件，并等待你。张文裕教授原在国内学磁学，当他刚到卡文迪许实验室时，卢瑟福问他带什么题目来，张先生回答说没有带题目，卢瑟福就让他先到一组，说慢慢就会有你的题目。莫塞莱刚去时带了 3 个题目，卢瑟福帮他选择了其中的 X 射线光谱与原子序数的关系这个题目，结果获得举世的赞扬。当时，实验室有一句谚语：卢瑟福能"给课题带来光明"。每当课题结束之前，他已想好下一个课题，并以不可阻挡的力量带学生冲向新的高峰。他的所有学生，都是乘兴而来，载誉而归。有的学生后来说卡文迪许实验室的秘密，在于能把即使一个普通的人造就成第一流的人才。他的一位朋友说："他从未树立过一个敌人，也未失去过一个朋友。"他的学生离开后，都与他保持终生的友谊。

他的性情急躁，当有人不爱护或损坏仪器时，他往往会发脾气。他讨厌夸夸其谈和不务实际，特别是对同代人。但是，他的坦诚、善良和友爱的素质和欢愉的性格，填补了这个不足。他乐于同青年人在一起，这会使他感到有朝气和年轻。他对不懂的专业从不充作内行，还会请这方面的专家合作，补偿自己的不足。

每天下午4时为实验室"茶歇时"休息时间，人们不分职务和级别，随意参加，上自天文下至地理，形势、新闻无所不谈，当然也谈起个人的实验。很多新的观念在这里迸发，许多疑难此时摊开，这被认为是实验室一天中最好的时刻。"茶歇时"通过学生传到各地，如玻尔理论物理研究所、普林斯顿高级研究所，张文裕教授甚至把它推广到杜布纳核子联合研究所。每星期有一两天的傍晚，教授邀请几个人在家里共进晚餐，"餐时"也就自然成为新观念新思想出现的良机，如原子有核模型、质子的名称等都是这时提出来的。

善于领导一个和谐和高效能的研究集体，是卢瑟福研究出成果和培养出人才的关键所在，这对导师和学生是有利的。

值得特别提出的是卢瑟福在科学研究上除具有深邃的洞察力和构思物理图像的能力外，还始终站在科研的前沿。查德威克赞扬卢瑟福：

对物理过程有最惊人的洞察力，能用几个标志说明整个课题。

玻尔和鲁塞尔等也认为他的最大才能是对科学问题的洞察力，张文裕和钱临照先生也认为卢瑟福最重视洞察力和物理图像。这种洞察力来源于他的求实精神和因之产生的天才直觉，这种直觉又来源于确信自然的和谐及客观真理的简单性。卢瑟福在长期实验和构思过程中，养成了用几句话或物理图像明确说明一个复杂问题的能力，并下意识地迅速反映出来。这在他的历次重大发现中表现十分突出，如根据人们极易忽略的大角散射现象和 α 射线轰击氢原子时发现类似氢谱线的粒子光谱，分别意识到原子核的存在及其人工蜕变，并放出质子。又如根据氢及其同位素原子电荷相同和原子量的差异为质子质量的整数倍这个事实，预见到中子的存在，并让查德威克有意识地探索和发现了中子。

卢瑟福指导研究生，极其注意他们的洞察力和构想物理图像的能力的素质。他每次进实验室，首先问学生看了哪些书和实验有什么问题，如果你只叙述过程而说不出新想法和提出新观念，他是不高兴的。他甚至要学生说出某一想法的提出者是谁，又怎样想出来的。他认为培养学生的独立思考能力和创造性极其重要。一个研究集体的好坏关键在于形成一个好的学风和传统，一个研究人员和学生的好坏主要在于求实精神和构思新思想和图像的能力。他批评当时美国和加拿大不少科学家在办公室中花费过多时间，而应当把时间自由地用于研究上。他劝告教授们应花更多的时间去想，花少量时间去做，只有这样才能获得优秀的工作质量。时时观察科学发展的动向，始终使自己处在科研的前沿，卢瑟福一生一直活跃在研究的突破口上，并以献身科学真理的精神和旺盛的精力组织力量予以突破。所以，伊夫说卢瑟福"永远处在波浪的峰巅之上"，这恐怕是一个科学家保持学术青春的关键之一。

1937年10月19日，一直康健的卢瑟福患疝病很快去世了。这位伟大的科学家临死前嘱咐他的妻子：

> 记住，赠给纳尔逊学院一百镑！

说完一个小时后便与世长辞了。

卢瑟福一生中获得了一个科学家所可能得到的几乎一切崇高荣誉，除去前面介绍的诺贝尔化学奖、爵士和勋爵这些崇高的荣誉和英国皇家学会及英国科学促进会主席职务外，1925年他荣获皇家学会最高荣誉奖——柯普莱奖章，并被几十个世界著名大学和科学院聘为荣誉教授和国外院士。

（作者：阎康年）

密立根
——不留神投身于物理学的文科生

罗伯特·安德鲁·密立根
(Robert Andrews Millikan, 1868—1953)

罗伯特·安德鲁·密立根是美国最负盛名的科学家之一。他是第一个在美国出生的获诺贝尔物理学奖的物理学家。他领导美国最有生气的科研与教育中心之一——加州理工学院达25年之久，他是20世纪20—30年代美国科学界最活跃的领袖人物之一。作为一个成功的教育家、科学家、科学事业的领导人，密立根的一生是20世纪上半叶美国科学家们所起的新作用的缩影。从他1893年真正投身于科学到1953年去世，60年的时间里，美国科学由落后走向了高度繁荣，密立根是这一巨大变化的见证人，并在其中扮演了重要角色。正如阿瑟·康普顿所说：

很难再能找到一个其一生比密立根更能代表现代历史发展过程的人。

一、投身物理学的三部曲

在美国伊利诺伊州有一个人口稀少、风光秀丽的乡村小镇，名叫莫利森。密立根就出生在这里，那正是1868年3月22日，美国南北战争结束后的第三年。密立根7岁的时候，全家迁到了艾奥瓦州的马科凯塔城，他在那里长大成人。

密立根的家庭是平淡无奇的普通家庭。他父亲是当地公理会的一个牧师，年薪仅 300 美元，全家兄弟姐妹 6 人，生活虽算不得贫寒，但也决说不上富裕。

密立根小时候也是一个平淡无奇的孩子，不是什么神童，智力上从没有显示出不同寻常之处。小时没有读过多少书，也没有渴望要读书。他 8 岁才开始上学，到 17 岁高中毕业时，还没有受过多少自然科学知识的教育。这也难怪，当时美国科学的发展还仅是刚起步阶段，况且他生活的地方又比较偏僻。上高中时，仅有的一位物理教师也不怎么懂物理学，只要他对书中的某一原理想不通，就斥之为谬论：

声音怎么能是由空气传播的呢？胡说！孩子们，这完全是胡说八道！

据说他还是校长呢，难怪密立根一开始就很讨厌物理学。

1885 年，密立根高中毕业了。他为了能够继续读书，就得自己想办法挣钱。他到锯木厂做过杂工，还担任过法庭的记录员。到 1886 年秋，18 岁的他终于挣得了一笔钱，进入了美国中部还算是不错的一所学校——奥柏林学院。在这里，他对希腊语、拉丁语和代数有浓厚的兴趣，对物理学却并不喜欢，甚至有点讨厌它。但后来一个偶然的机会却使他与物理学结下了不解之缘。

那是 1889 年春末，奥柏林学院需要物色一名教师，教授预科学生的物理学。希腊语教授帕克找到了密立根。密立根非常惊讶："我对物理学一窍不通呀！"教授的回答是不容置疑的："任何一个能够学好希腊语课程的人都能够教授物理学!""好吧,我尽力试一试,但你必须承担后果。"密立根就这样被强行推进了物理学的王国。这是他在投身物理学的道路上迈出的第一步,而促使他迈出这一步的除帕克教授外,主要还是金钱的原因。讲课的报酬可以解决自己的学习费用,多少还能抽出一部分供弟妹们上学,这对密立根有很大的吸引力!生活的艰辛往往使人们能够显示出自己都意想不到的才能! 20世纪一位伟大的物理学家就是这样一不留神、不自觉地投身了物理学领域。

教学的巨大压力促使密立根开始真正地认真学习物理学,在此过程中他改变了对这一学科过去所持有的偏见。不久,在真正登上奥柏林学院的物理讲台上之后,密立根原本就具有的口才天赋首先发挥了作用,他的讲授相当生动活泼,接着他的较强动手能力也有了表演舞台,口头演讲与演示实验相结合,密立根的教学方法很快就得到学生和校方交口称赞。这次成功,鼓舞了他的自信心。

1891年秋,密立根从奥柏林学院毕业,获得文学学士学位。在大学期间,他虽然承担教学工作,但功课很好,经常在班上名列前茅。人也很活跃,曾担任过预科学生的指导员、班主席、学院年报的副主编等。他还是学校有名的体育运动员。这些都培养了他的社会活动能力,为他后来卓有成效地进行科研组织与管理工作打下了基础。

大学毕业后,密立根本想找一个薪水较高的职业,但在当时经济萧条的年代,谋职谈何容易。他只得留校继续任教,并兼教体育。在此后两年的时间里,他利用工作之余,啃完了J. J. 汤姆孙那冗长而枯燥的《电动力学》。在这里还几乎没有人懂这本书，他完全是自学的。由此，奥柏林学院于 1893 年授予他硕士学位。

直到这时，密立根仍没有意识到自身所蕴藏的物理学才能。一个又一个的成功曾使他激动、振奋，但随之而来的却是烦恼与恐惧，因为他总是怀疑自己从事物理学的能力，这又使他不安，这种情绪以后也伴随着他很长时间。1893 年秋，又是那位教希腊语的帕克教授，悄悄地将密立根的成绩单和一封推荐信寄给了哥伦比亚大学。不久，密立根就获得了哥伦比亚大学 700 美元的奖学金，成为那里唯一的一名物理学研究生。

1893 年是美国物理学史上具有重要意义的一年：康奈尔大学的尼科尔斯教授创办了《物理学评论》杂志；芝加哥大学的海尔创办了《天体物理评论》杂志。就在这一年，密立根迈出了他投身物理学道路上的第二步。从某种意义上来说，这一年确实是美国物理学一个新时代的开始。

密立根在哥伦比亚大学遇到了一批对物理学真正有兴趣的人，其中浦品教授对密立根的影响最大。当时浦品刚从剑桥大学和德国学成归来，思想活跃，知识渊博，尤其善于利用扎实的数学知识和熟练的分析技巧解决复杂的物理问题。在浦品的影响下，密立根在数学和分析技巧方面受到了较严格的训练。这也使他以后在分析实验安排和随后的理论问题的考虑中处于有利的地位。

学生崇拜老师，老师未必赏识学生。在哥伦比亚第一学年结束的时候，正是密立根最为崇拜的浦品教授使他失去了奖学金。由于奖学金名额有限，浦品要为他所在的电气工程系的一个工科研究生争取奖学金，结果就将密立根挤掉了。失去了奖学金，密立根的日子很不好过，并且动摇了他本来就不坚定的自信心。后来他不得不靠为别人代课来渡过难关。

1894年6月，密立根第一次结识了对他一生都有重要影响的迈克尔逊。迈克尔逊由于在1878—1890年间精确地测定了光速和进行了著名的以太漂移实验而成为美国物理学界的大明星。出于向这位大师学习的渴望，密立根专程来到了芝加哥大学，并在这里度过了整个夏天。他听了迈克尔逊的课和一些演讲，还在自己的小房子里同这位实验大师交谈过几次，他真的感到兴奋。他后来回顾说：

> 迈克尔逊观测技巧的高超，分析的精美，描述的精辟——这一切给我们所有这些有机会看到他的实验工作并听到过他的介绍的人留下了极为深刻的印象。

这位初见世面的年轻人爱上了实验物理学，决心要成为迈克尔逊式的物理学家。

在这里，迈克尔逊关于物理学发展的思想也深深地影响了密立根。物理学的发展只能通过精确测量得到，要在小数点后面第6位上寻找。这是当时物理学界普遍流行的一个观点，而有点孤陋寡闻的密立根第一次明确地从迈克尔逊这里听到这一点。这对于他形成自己的物理学思想和以后的研究工作都产生了不容忽视的影响。

1895年，密立根完成了他的博士论文《关于炽热的液体和固体表面所放射出的光的偏振的研究》，并以此获得了哥伦比亚大学博士学位。

这时，浦品教授已认识到了密立根的才能，竭力劝他到欧洲深造。但密立根苦于无钱成行，而且家里也正期待着他早谋职业，尽快挣钱。当浦品第三次劝告他的时候，他坦率地说明了这一情况。浦品惜才如命，当即决定借给密立根 300 美元。

1895 年 5 月，密立根终于启程赴德国。这是他在投身物理学的道路上迈出的第三步，从此，他就真正地献身于物理学。

就在这一年的 12 月，德国的伦琴宣布发现了 X 射线，从而揭开了新物理学的帷幕。几个月以后，法国的贝可勒尔发现了放射现象。这些重大发现预示着急风暴雨般的物理学革命即将到来。密立根正是在这样一个令人振奋的时刻来到了现代物理学发源地之一的德国。在 15 个月的时间里，他先后在柏林和哥廷根两地学习和做研究工作，其间还周游了欧洲大陆。

柏林和哥廷根是当时两个科学圣地，常常荟萃着一批又一批科学明星。生活在这些科学明星之中，密立根如同看到了一个新的世界，鼓舞了他对新物理学的热情，使他常常处于一种难以抑制的激动之中。

在这里，密立根在治学方法上也受益匪浅。在著名的物理化学家能斯特的实验室进行研究时，能斯特广泛的研究兴趣，对于有希望的研究课题与方法的敏锐的洞察力，给密立根留下了深刻的印象。能斯特指导研究生的专题讨论会方法使密立根感到特别"鼓舞人心"，而能斯特组织物理学家、化学家联合研究两学科交叉的些边缘问题的做法，直接使密立根萌发了合作研究的思想。

密立根后来在回顾这一时期的学习时指出：

再也没有比在这一时刻待在德国更加幸运的了。

的确，当他于 1895 年离美赴德时，他还是一个仅受到有限古典物理学训练的年轻人，到回国的时候，他已渴望能在新物理学的研究中出类拔萃了。

1896 年，密立根收到了他的母校奥柏林学院聘请他任物理学讲师的聘书，年薪 1600 美元。不久，他又收到了迈克尔逊的电报，聘请他担任芝加哥大学的助教，年薪 800 美元，他毫不犹豫地接受了迈克尔逊的邀请。这可能是他第一次以事业而不是以金钱来决定取舍。他难以等待了，匆匆结束了在德国的学习，以行李和大衣作抵押，搭船回国。这时他已 28 岁了。

二、振兴美国物理学教育

回到在当时是全美国最著名的芝加哥大学的物理系，又在迈克尔逊大师身边工作，密立根如愿以偿，非常兴奋。他跃跃欲试，急于在新物理学的发展中做出自己的成就。

但是，事情往往难遂人愿。校方给他分配了繁重的教学任务，使他难以集中精力从事研究。开始，他教授一年级大学生的物理实验课。在他之前教授这门课的是该系的助理教授斯特莱顿，即后来大名鼎鼎的美国国家标准局主任和麻省理工学院的院长。1898 年，斯特莱顿离开芝加哥以后，密立根又承担了教授高年级实验课程的任务，并开始教授热力学、辐射和电磁学等课程。

亲身的教学实践，使密立根深感美国物理教育之落后。在这里，普遍使用的物理教材还是多年前翻译法国人的，许多内容早已过时。老师的教学方法始终是希望通过照本宣科使得学生记住每一个基本原理。实验课是不被重视的，物理系学生仅有的一门实验课程也学时不足，且与课堂教学相脱节。他明显地感觉到，美国物理学教育的这种落后局面与欧洲大相径庭，如果不尽快加以改变，势必将阻碍美国物理科学的发展。

密立根认为，尽快编写出具有最新知识水平的教科书是提高美国物理学教育水平的关键。1897年，他与斯特莱顿合作，编写出了《大学普通物理学实验教程》一书。不久，在校方的积极支持下，他制订了庞大的编写教科书计划。很快他又写出了大学一年级用的《力学、分子物理学和热学》教程。该书终于在1902年正式出版，作为大学物理教程的第一卷。这是当时美国人自己编写的最新物理教程。由于它介绍了许多最新的知识、观点，并采用了课堂教学与实验室相结合的编写手法，因而一出版就受到了热烈欢迎，在美国大学中广为使用，在35年的时间里未作修改而一直畅销。1908年，密立根又出版了这一教程的第二卷《电学、声学与光学》（与米尔斯合著）。这一套物理教程的出版，标志着美国大学物理教科书达到了一个新水平，而且对以后出版的一些美国大学物理教程也有着很大的影响。

要想提高整个物理学教育的水平，密立根深知高中物理教育的重要性。1906年，他编写出版了高中学生用的《物理学第一教程》和《中学物理实验教程》(均与盖尔合著)。这套书出版不久，就被尊为美国高中的标准教材，为成百万学生所采用。而且在经过连续五次的修订后，在20世纪40年代仍然非常畅销。这一教材的编写手法相当巧妙，它将物理学的基本原理同其迷人的历史和英雄伟人结合在一起，唤起了千百万学生对物理科学的兴趣，促进了物理学在公众中的传播。

密立根还与别人合作，翻译出版了德国人德鲁德的名著《光学原理》一书。但是据说密立根从事这一工作每小时的报酬还不足5美分。

密立根为改革物理学教学方法做了大量的工作，他大力倡导物理教学中课堂与实验室密切结合的方法。他坚信，这是使学生们最有效地理解物理学的基本原理和对物理方法获得独创性见解的唯一手段。在芝加哥，他首先牢固地确立了物理系学生的实验课程。他的这一思想还随着他的教科书的不断出版而扩散。在他编写的教科书中，附有大量的实验课，这些都是他精心选择或亲自设计的，并且都与课堂教学内容相吻合。由于这些教程被普遍采用，因而这一教学方法也就受到了广泛的注意，"帮助发动了人们对物理科学感兴趣的浪潮"。

当然，在美国最早提倡课堂与实验室相结合的并不是密立根，而是麻省理工学院的皮克林，他在1869年就提出过这一主张。但是，这在当时并没有产生多大的影响。可以毫不夸张地说，在很大程度上，正是由于密立根的工作，才开始了美国物理学教育的新时期。

当时,芝加哥大学物理系虽由迈克尔逊主持,但他并不是培养人才的能手。他对教学没有太大的兴趣,也不喜欢同自己的研究生进行合作研究,生怕浪费时间和别人从他那里沽名钓誉。因此,迈克尔逊逐步将许多教学、行政管理工作推给了密立根。1898年,密立根开始教授研究生的课程,不久就受命主持每周一次的研究生专题讨论会,1900年又开始负责研究生的选题、指导工作。在密立根与其他人的共同努力下,芝加哥大学物理系以高水平的教学闻名遐迩,培养出了大批物理学人才,为美国物理科学的发展做出了很大贡献。

正当密立根在物理教育领域大显身手的时候,爱情闯入了他的生活。1899年,他结识了来自伊利诺伊州的姑娘布兰查德。姑娘年轻、漂亮,是芝加哥大学希腊语专业的学生。很快两人就情投意合、相亲相爱了。姑娘的父亲是一位富有的机械制造商,他更看重于金钱,认为女儿和这位穷小伙子结婚是一种冒险。由于父亲的坚持,姑娘只好恳求密立根,要尽快达到每年至少有1500美元的收入,否则,他们只能天各一方。这对密立根宏伟的抱负无疑是一个强烈的刺激,他开始夜以继日地奋斗。

1902年4月10日,密立根终于被"批准"同布兰查德小姐结婚。由于他在物理教学上的成就,不久,他被提升为助理教授,1907年又晋升为副教授。1940年,美国物理教师协会授予他奥斯特奖章,以表彰他对发展美国物理学教育所做出的卓越贡献。

事实上,从踏进芝加哥大学的校门那天起,密立根就渴望着能成为一名成功的研究型物理学家。为此他也进行了不懈的努力。12年来，在进行繁重的物理教学工作的同时，他始终坚持每天抽出 6 小时从事自己的研究。在此期间，最初他从事在哥廷根所进行的关于电介质问题的研究，接着他又研究了在压力、体积不变的条件下，自由气体的冷却膨胀；高真空中的放电效应；铀矿及其他放射性矿的起源以及光电效应与温度的关系等问题。但是艰苦的努力并非总能够成功。12 年来，密立根仅发表了 3 篇研究论文，其中有两篇还是与他的学生合作发表的。就连密立根本人也哀叹：

> 作为一个实验物理学家，至今我似乎还没有取得什么成功。

但他也坚信，通过持续不断的努力，还是会有所收获。果然，不久之后，他的努力终于有了回报。

三、奠定现代物理学基础的实验大师

1908 年，标志着密立根研究生涯中一个崭新时期的开始。密立根选择了具有重大意义的一个研究课题——测量电子的电荷。

电子是由 J. J. 汤姆孙在 1897 年发现的。10 年来，人们对电子电荷进行了无数次的测量，其中包括 J. J. 汤姆孙本人所进行的实验，但都没有取得精确结果。随着现代物理学的迅猛发展，精确测量出电子电荷，已成为非常迫切需要解决的问题。这不但关系到现代物理学的精确性，更重要的是关系到原子结构、辐射理论、电的概念等一大堆现代物理学的基本问题。再者，从事这一课题的研究与密立根所特有的才华与性情也是一致的。他所在的芝加哥大学赖尔森实验室素以精确测量闻名，这是迈克尔逊所奠定的传统。多年来，他接受了迈克尔逊传授给他的严谨、精确和耐心，这是他的长处。因而密立根在此时此刻选择这样一个题目是相当明智的。

当然，密立根对这一课题的选择也不是在一夜之间想出来的。早在20世纪初，他就已密切注视卡文迪许实验室关于这一问题的工作。1906年，他就开始多次重复威尔逊的实验，只是没有得到更精确的结果。

这时，他首先仔细研究了所重复过的威尔逊方法，终于从中发现了导致误差的主要原因：在威尔逊云室中，被测云雾的顶部总是处于一种模糊不定的状态。经过改进以后，这一误差就基本消失了，测量精度有了很大提高，测得 $e=4.06×10^{-10}$ e.s.u.[1]。通过进一步观测，密立根又发现这时影响测量精度的主要原因是水珠的蒸发。为了克服这一误差因素，他发明了一种"平衡水珠法"，从而能够对单个微滴进行测量。这是测量电子电荷技术的一大突破。测量精度又大大提高了一步。1909年夏，他已测得 $e=4.65×10^{-10}$ e.s.u.。而且更重要的是，由于实现了对单个微滴进行测量，通过比较发现了电荷的量子化特性：电荷量是不连续的，所有微滴所携带的电荷都是所测到的电子电荷的整倍数。这也就说明电子电荷不是统计平均值。

---

[1] e.s.u. 为静电单位。

密立根就是这样不断地发现问题、解决问题,把测量精度一步一步地推向前进。不久,他又发现了利用固定在云室上的喷雾器在云室中产生微滴的方法,取代了由膨胀和凝固云来产生微滴的方法,从而有效克服了温度、空气对流等因素对测量精度的影响,同时也为油滴方法的产生打开了大门。

密立根利用油滴方法,在 1910 年测得 $e=4.891\times10^{-10}$ e. s. u.。7 年后,即 1917 年,他测定 $e=4.774(\pm0.005)\times10^{-10}$ e. s. u.。获得对于电子电荷的这一精确测量值,从整个科学界来看,差不多使用了整整一代人的时间。而且,在密立根所有这些实验中,他都不容置疑地证实了电子电量不是一种统计平均值,电荷具有量子化特性。

由于密立根的工作,人类第一次精确地测量到了基本的电子电荷,认识到了它的基本性质。电子电荷如同光速一样,是自然界中最基本的常数之一,如果没有关于它的精确知识,可想而知,现代物理学就不会成为一门精密科学,它就将如同一座建筑在沙滩上的大厦,随时都有倾覆的危险。

密立根的第二项工作是用实验检验爱因斯坦的光电效应方程。

1905 年,爱因斯坦提出了光量子理论,对此作出了圆满解释。但是,当时大多数物理学家都视之为异端邪说。在他们看来,光量子的存在比光电效应本身还要神秘。作为一个正统的实验物理学家,密立根对这一"天才的猜测"的反应也许比大多数人更为激烈,他认为这是一个"不可思议的""大胆的"和"粗枝大叶的"假说。为了使人们抛弃这一理论,他从 1907 年起,先后从事了几项旨在否定这一理论的实验，但都没有取得成功。有一次似乎是成功了，密立根还为此得意过一阵子，但不久他又发现，是实验本身出了毛病。

直到1912年，爱因斯坦的这一理论到底能否成立，还一直是个谜。这时，刚好密立根有关电子电荷的工作告一段落，他决心彻底地用实验来检验这一方程。

密立根的实验装置设计得相当巧妙，测量工作是精心进行的，一切都无懈可击。但最后的结果证明：爱因斯坦的光电效应方程在每一个细节方面都是严格成立的。三年艰苦努力的结果完全出乎密立根所料。试图否定这一理论的实验反倒成了使它成立的实验基础。面对着无可置疑的实验事实，密立根终于改变了对这一方程的看法。

在进行这一实验的同时，密立根还第一次由光电效应测出普朗克常数 $h=6.624 \times 10^{-27}$ erg·s。这是当时所能取得的最精确数值。

由于密立根无懈可击的实验证据，爱因斯坦和玻尔分别于1921年和1922年被授予诺贝尔物理学奖。密立根由于在有关电子电荷、光电效应研究中的杰出成就而被授予1923年度的诺贝尔奖。瑞典皇家科学院诺贝尔委员会主席在授奖仪式上致辞时指出：

> 如果密立根关于光电效应的研究给出了不同的结果，爱因斯坦方程可能就没有价值了，玻尔理论也就失去了支持。

爱因斯坦本人在评论密立根这一工作的重要性时指出:

> 我非常感谢密立根关于光电效应的研究,它第一次决定性地证实了在光的照射下从固体物体中发射的电子同光本身的频率有关,这个量子理论的成果对于研究辐射的微粒结构奠定了理论基础。

密立根在有关电子电荷和光电效应的研究中,充分体现了他在研究工作中两个最突出的特征:

(1)严谨的工作作风。密立根在实验工作中的基本信念是:"要利用现代的手段达到这个时代再也无法改变的结果。"为此,他以顽强的毅力,几乎是无止境地追求实验的可靠性和精确性,从而不断提高自己研究成果的价值。1913年,密立根测 e 值已达到很高的精确度,但他还指导当时正在芝加哥大学学习的中国学生李耀邦利用他用过的仪器,在固体球粒上测量出电子电荷。

(2)实事求是的科学态度。密立根在研究工作中严格尊重实验事实。对于凡是他认为在实验上已证实了的理论,不管他对这些理论以前的看法如何,他都很快就接受。他虽然曾坚决反对爱因斯坦的光电效应方程,但在这一方程得到实验上的证实以后,他立刻就接受这一事实,并为使人们普遍地接受这一方程而积极努力。但由于他认为,产生这一方程的光量子理论在实验上未得到完全检验,因而直到1923年他还对这一理论能否成立表示怀疑。

在测量电子电荷的工作中,密立根曾在一个油滴上测到过 2/3

电子电荷 $\left(\dfrac{2}{3}e\right)$。当时密立根正在同奥地利物理学家 F. 艾伦哈夫脱就有无亚电子问题进行激烈的争论，F. 艾伦哈夫脱对此持肯定态度，密立根持否定态度。但是密立根仍然毫不犹豫地公布了这一事实。现在看来，这是否说明那个油滴上带有一个夸克，我们不得而知，但密立根这种实事求是的态度是值得称道的。对此，狄拉克曾赞扬他"具有伟大的科学诚实"。

四、杰出的科学组织家

由于研究工作中的杰出成就，密立根于 1910 年荣升为芝加哥大学物理学教授，1914 年入选美国文理科学院，1915 年当选为美国科学院院士，1916 年荣任美国物理学会主席，他成为美国最著名、最为人们所尊敬的物理学家之一。但是，他从不把自己关在象牙宝塔里，他越来越多地关心整个国家科学技术水平的提高，关心国家的发展与强盛。

1914 年 8 月，第一次世界大战爆发。1917 年 2 月美国正式参战。密立根也被卷进了这场战争，他并不是在战场上冲锋陷阵，而是动员、组织科学家为战争需要服务。早在美国参战前，密立根与著名的天文学家海耳等人就清楚地看到，现代科学技术在战争中的有效运用，将会在一定程度上决定战争的进程。同时他们也敏锐地意识到，这将是促进美国科学发展的绝妙的机会。因而，经过他们及其他人的共同努力，终于成立了旨在动员组织科学界为战争工作服务的国家研究委员会（简称 NRC）。到美国参战的时候，密立根就离开了芝加哥大学，常驻华盛顿，全面主持 NRC 的工作，并取得了巨大的成功。

在此期间，密立根卓有成效地领导了反潜艇研究。他以卓越的组织才能，将科学界、工业界的一大批学者、专家组织起来，进行合作研究，并同英、法科学家密切协作，终于在不长的时间里成功研制出了三种类型的潜艇探测器，为消除德国潜艇的威胁起到了重要作用。此外，密立根还领导或参与领导了战争期间的几乎每一项重要的军事研究工作。

密立根积极利用这一机会提高科学与科学家的地位，"竭尽全力奠定最有可能促进美国科学发展的基础"。在此期间，他发起创立了国家研究委员会研究补助金计划。这个计划对于培养美国高水平的专业科学人才起到了非常积极的作用，以致被认为是美国纯科学迅速发展的主要推动力之一。与此同时，密立根还与海耳和著名化学家诺易斯等科学家共同努力，使 NRC 成为一个战后协调全国科学研究工作的常设机构。战后，NRC 对促进美国科学的发展发挥了积极作用。

密立根始终认为，科学家的职责不仅仅在于探索自然，还应当关心国家科学事业的发展，关心社会，为国家的强盛出力。可见他积极参与战争工作是与他的这一思想认识相一致的。他在战争中的工作也确实达到了自己的目的。

1918 年底，密立根谢绝了海耳等人要他担任 NRC 主席的请求，返回了自己的实验室，重新开始中断了 22 个月的研究工作。

返回芝加哥不久，密立根就开始了对宇宙射线的研究。宇宙射线是由奥地利物理学家 V. 黑斯在 1911 年左右首先确定存在的。密立根独具慧眼，敏锐地意识到，对这一空中出现的放射性现象的研究有可能对整个物理学的发展产生广泛的影响。1919 年他闯入了这一领域，1922 年开始进行大规模探测。可能连他自己都没有想到，他在这个领域中几乎耗费了整个后半生，道路曲折，毁誉参半。

首先，在这个领域中他取得了许多有重要意义的成就，开创了现代宇宙射线研究之先河。他确定了宇宙射线起源于太阳系以外的宇宙之中，并为其命名；首次探测到了宇宙射线每日、每年的强度变化；独立探测到了其"经度效应"；在他领导的对宇宙射线的研究中，安德森发现了正电子和介子，取得了大量的有关原子结构和核衰变的信息资料；培养了大批宇宙射线研究专家。这些都使他多年来获得了宇宙射线研究的领袖之美称。

但是，密立根在取得这些成就的同时也遭受到多次失败。

1925 年，密立根开始研究宇宙射线的组成与产生这样一些基本问题。起先他提出了宇宙射线是高强度的 γ 射线，即它是由光子组成的假说。1928 年，密立根又据此假说，提出了产生宇宙射线的"原子建造"假说，认为宇宙射线是由多数氢原子在宇宙空间结合成一些重原子时所释放出的结合能所致。但是到 20 世纪 20 年代末期，科学界探测到了宇宙射线的"纬度效应"，完全否定了密立根的原子建造理论。

1934 年，密立根提出了产生宇宙射线的原子湮灭假说。这是一个短命的假说，刚问世不久就被实验否定了。

科学探索中出现失误是正常的，即使一事无成，也不足为奇。

然而，密立根在失败之中还夹杂着顽固。由于他自己没有探测到宇宙射线的"纬度效应"，他顽固地坚持自己的错误观点。为此，他同阿瑟·康普顿进行过激烈的论战，以致个人关系几乎完全破裂。由于奥本海默发表文章，含蓄地表示不同意他的观点，他就明显地冷落奥本海默。密立根的顽固立场激怒了许多研究宇宙射线的科学家。

20世纪20年代末30年代初，正是密立根在科学界的地位与声誉都处于巅峰之际。成功使他过分自信，荣誉与地位使他有点陶醉。学术上的不同意见，他居然看作是对自己地位的挑战。以不科学的态度来对待科学问题就势必要失败，任何人都不能摆脱这一点。

但是也应当指出，密立根在宇宙射线研究的后期屡遭失败也有一定的客观原因，当时研究宇宙射线的产生这样的问题的条件还是不成熟的。

密立根的研究兴趣相当广泛，曾涉足过许多物理学的研究领域。他曾对裸原子光谱进行过较详尽的研究，其结果导致了"电子自旋"概念的产生。他研究了极端紫外线光谱，观测到了最短的紫外线为$\lambda=136.6$埃，从而弥补了电磁波频率光谱中未探索的间隔，并确定了光学光谱与X射线光谱在本质上是一致的。密立根还研究过金属中的冷辐射、气体中的布朗运动、X射线的吸收、在特殊条件下斯托克斯定律的修正等课题，都取得了一定成就。密立根对气体的黏滞系数问题也有着浓厚的兴趣，他曾指导过当时在芝加哥大学学习和工作的中国留学生颜任光从事这一课题的研究，并取得了有意义的成果。

密立根的得意门生、发现了正电子和介子的安德森曾经问过密立根：

你为什么能在大多数人意识到其重要性之前就能发觉那么多的物理学新领域？

他回答说：

噢，我阅读《科学文摘》。

这样的回答是令人失望的。但是，这不正说明密立根具有敏锐的洞察力吗？

五、加州理工学院的崛起

第一次世界大战使美国发了一笔横财，也捞到了国际性的政治资本，随着战争的结束，它步入了世界舞台的中心。不少美国人陶醉了，沉浸于对美国的自豪之中。由于密立根主持过 NRC 的工作，他并没有被这种乐观气氛冲昏头脑，因为他深知当时美国的科学技术充其量只是二流水平。

如何改变这一状况呢？战争刚一结束，密立根就提出了他明确的思想：（1）积极选拔和培养人才，改变目前美国大学的结构与环境，使研究与教学有机结合，形成一种创造性的研究气氛。（2）广泛开展合作研究。合作研究已经显示出是现代科学发展的一大趋势。他认为，在和平时期，仍必须像在战时一样，组织起工业、大学中的研究人员进行合作研究。

依靠个人的天才推动历史车轮前进的时代已经过去了，假如要想将这些车轮迅速地推向前进，就必须大力开展合作研究。

1919年，密立根正是带着这些思想回到芝加哥的。但是，在这样一个人才济济、等级森严的地方，他宏伟的抱负难以施展。

然而，在美国西海岸的加利福尼亚州，未来一所著名的学府却在等待着他的到来。这就是后来举世闻名的加州理工学院。加州理工学院位于环境优美、空气清新的傍山小镇帕萨迪纳，当时还只是一所名不见经传的小学院。但是，它的董事会里却有一批有识之士，他们求贤若渴，广纳良才。他们在战前就曾多次邀请过密立根。战后，为了使他到来，他们可谓煞费心思：大量筹集资金；建立庞大的物理实验室等。但是更吸引密立根的是，这里有他的老朋友——海耳和诺易斯。这两人都是密立根在NRC的老搭档，他们有过成功合作的经历，在有关社会、发展科学的问题上有着一致的见解。而且他们三人本身就是从事有关物理、化学、天文学合作研究的极强阵容。只要他们精诚合作，就能使加州理工学院发展越来越好。

1921年6月2日，密立根离开了他整整奋斗了25年的芝加哥大学，正式入主加州理工学院。作为接受聘请的条件，他提出了一个相当苛刻的要求：不参与行政管理工作。而校董事会居然接受了。他们太了解密立根了，这只不过是戏言而已。

当时的加州理工学院教师不过60人，学生不足400人，从没有培养过博士研究生。面对着这样的局面，密立根毅然宣称：加州理工学院必将发展成为不亚于世界上任何地方的数理中心和学院。密立根的第一个行动是革新建制。他建议校董事会取消校长职务，建立一个由他本人任主席的校执行委员会，行使校长职权。委员会由4名董事、4名教师组成，他们都是最关心学校发展而又最有威望和成就的，他们每个人的责任与权力完全相等。此外，密立根还领导建立了一个由15人组成的教师委员会，负责协助执行委员会处理一般的行政事务。这样，密立根以一种集体领导体制，取代了校长制。

这种崭新的大学管理体制在美国还是首创，发挥了多数人的才能与智慧，大大提高了工作效率，又减轻了担任行政管理工作的科学家的负担。而且更重要的是这有效地消除了在美国大学中普遍存在的校长与教师队伍和董事会之间的各种矛盾，人们一心一意地为学院的发展而奋斗，整个学院充满了活力。

在学科上密立根选择物理学作为学院起飞的基点。他和他的执行委员会都有一个统一的认识：物理学是其他许多学科的基础，只有首先将这里建成一个物理学中心，然后才有可能将它建成一个强大的多学科的中心。

这里有充裕的资金。一位著名的内科医生又捐赠了25万美元，用于建造物理实验室。而且执掌化学实验室的诺易斯也主动降低自己学科的地位,以优先发展物理学。

密立根在这里还发现了一位栋梁之材,这就是英国著名的数学家、物理学家 H. 贝特曼。但仅此一人,毕竟太少了。聘请国内优秀物理学家到此任职实在困难。谁愿意离开热闹的学术中心而到这里来冒险呢?密立根只好发起了一个邀请著名物理学家来访问的计划。

密立根凭借个人的威望和广泛的联系,接连邀请了一大批物理学家到校访问讲学或从事合作研究。来访者中包括迈克尔逊、洛伦兹、C. G. 达尔文(著名的进化论创立者达尔文之孙)、埃伦费斯特、玻恩、薛定谔、索末菲、爱因斯坦、玻尔等。这样一批批著名的物理学家不断到来,一扫加州理工学院以前沉闷的学术空气,物理学面貌大为改观。

在邀请前来的物理学家中,理论家占了绝大多数,这是因为密立根首先要发展加州理工学院的理论物理学。20 世纪 20 年代初,美国的实验物理学已经达到了比较高的水平。密立根较早认识到,不改变理论上的落后状态,美国物理学,乃至整个科学的发展势必受到严重阻碍。因此,战后为发展理论物理学,他本人进行了很大努力。1921 年,密立根力排众议,从欧洲请来了才华横溢的年轻物理学家 P. 爱泼斯坦,1922 年,又从伊利诺伊大学拉来了著名的数学物理学家 R. 托尔曼,再加上贝特曼教授,这样,在加州理工学院就形成了一支美国最早的现代物理学专业梯队,并且很快就发展成为美国主要的理论物理学中心。

此外,加州理工学院刚建不久的诺曼·布利奇实验室很快就发展成为美国最大、最好的实验室之一。为了促进合作研究，它同威尔逊山天文台开始了合造世界上最大的 200 英寸的望远镜，还同南加州的爱迪生公司合作建造了先进的高压实验室。

到 20 世纪 30 年代初，加州理工学院已人才辈出，硕果累累。1926 年它培养出了 8 名物理学博士，和加州大学（伯克利分校）并列全美各大学之首。而 1930—1935 年间，它共培养了 59 名物理学博士，将其他大学远远地抛在了后面。

作为一位伟大的科学家和科学事业的领导者，密立根具有一种整体观念，努力促进科学的全面发展。1925 年，他从加州大学请来了著名的地质学家 J. P. 布瓦尔达教授和 C. 斯托克教授，建立起了加州理工学院的地质系。1927 年，他与海耳一起说服著名的遗传学家摩尔根离开他工作了 24 年的哥伦比亚大学，来到了帕萨迪纳，执掌新建的生物系。密立根独具慧眼，当时就预见到了生物科学的重要性。到 1931 年他甚至预言：

> 在未来世纪中有重大变化的学科将是生物学，而不是物理学。

加州理工学院 20 世纪 20 年代末期航空学的发展则是密立根惊人的洞察力与卓越的社会活动能力相结合的产物。早在 20 世纪 20 年代初，他就认为加州理工学院应当大力发展航空工程学。1926 年，他亲自出马，千方百计，终于说服古根海姆基金会同意资助加州理工学院，兴建一个航空实验室。1929 年实验室建成，他亲自请来了著名的航空动力学大师冯·卡门主持。

在这里，所建的系都是经过充分考虑，严格选择的。密立根的原则是不建则已，要建就必须是高水平的。因此，他每建一个系，总要不惜代价请一个权威专家来主持。有些系，没有合适人选，宁可不办，也决不聘用平庸之才。

密立根当然没有忽视为各学科的发展寻求资金。他结交极广，"关系网"庞大，是一位筹钱的老手。在他任职期间，加州理工学院每个学生平均占有的经费在全国各大学中一直是最高的。据说，后来一些基金会都怕他了，一看他来，人们都要锁上保险柜。

密立根在领导加州理工学院时，他的一些办学政策是崭新的。这就是，研究与教学的相互促进。他始终坚持，高水平的大学应当是高水平的研究与教学的有机结合体。

密立根还重视基础科学教育。他认为，无论是培养科学家，还是工程师，基础科学教育都是最为重要的。在这样一个工科院校中，学生的基础科学课程甚至远远超过了理科大学。到1955年，美国工程教育学会开始将这一条作为工科教育的基本原则。

密立根甚至重视人文学科。加州理工学院专门建立了人文与社会科学系，并规定，大学生所选课程中人文社会科学不得少于1/4。这样，加州理工学院的学生素以基础扎实、适应性强、富于创造力而闻名。

在密立根的出色领导下，加州理工学院在20世纪30年代初就真正崛起了。它的物理系、化学系在美国国内几乎无人匹敌。它的生物系、航空工程系具有世界一流水平。地质系、人文与社会科学系在国内均属上乘。人们这样评论它:"它代表着当今世界最有意义的研究和教育事业。"正如密立根所确信的那样,榜样是最好的老师,到20世纪40年代初,在美国的许多大学中研究活动得到了广泛开展,密立根的办学方法被普遍采用,这对美国科学的发展起到了很好的促进作用。

密立根在领导加州理工学院期间,从没有中断过自己的研究工作。作为物理学界的领袖人物,他的目光并不是仅仅盯着加州理工学院,他仍然关心着整个国家物理科学的发展。在此期间,密立根还担任了美国科学促进协会的主席、罗斯福总统的首届科学顾问委员会成员、国家科学执行委员会副主席。他广泛地召集、主持各种学术报告会、讨论会,活跃物理学界的学术空气,促进国际、国内的交流与合作。他还经常向公众发表科学演讲,在美国公众中有科学的代言人之称。

1945年,77岁高龄的密立根辞去了他在加州理工学院的职务。

六、独特的保守主义者

密立根在科学研究和科学组织活动中取得了突出成就,但他在科学思想和政治倾向上都有着保守的一面。

密立根对于科学发展中的"革命"相当反感,他认为:

> 科学的进步几乎从来不以革命的方法而实现,……革命几乎是永远不会发生的。

在他看来，科学的发展总是循序渐进的，新的科学知识的发现和建立只不过是对旧知识的补充和扩展而已。例如，他就认为爱因斯坦的相对论包含了牛顿理论的全部，这算不得革命，只是扩展，由此他还声言："让革命的改革家们思考这些事实吧！"

密立根对科学革命的态度，决定了他对那些具有革命性意义的理论猜测的态度。他指出：

> 在科学上可以有些好的猜测，也可以有许多看来有理的解释，但它们都不是真实的知识。

因而他对于现代物理学中一些最伟大的革命性理论，一开始都没有表现出什么热情，甚至还激烈反对过爱因斯坦的相对论和光电效应理论。从这一方面来看，密立根保守的思想倾向是很明显的。

但是，应当特别指出，密立根对于新物理学中所发现的革命性的实验事实的态度却是科学的，这同他对革命性理论的态度形成了鲜明的对比。他对于 X 射线、放射性、电子、镭等现代物理学中的新发现，一开始就表现出了极大的热情，并感到欢欣鼓舞。在他看来，这些新发现正表明了物理学发展的希望。

密立根对于新理论的提出和新事实的实验发现的两种截然不同的态度是由他关于物理学发展的思想所决定的。他始终坚信物理学的前途是灿烂光明的，是一定会大发展的，但是他又认为，这种发展应当是建立在"比金字塔更加牢固、更加持久的基础之上的"，因而这就应当通过有秩序的程序和精确的测量来达到。在这一思想的支配下,他才认为,那些未经过严格的实验检验的天才的猜测是不牢靠的,对物理学的进步是不利的。而那些实验发现则是客观存在,因此不管它们的出现与他所接受的古典理论有多么大的出入,他都毫无保留地接受。这样就形成了密立根对科学革命的反感、对实验事实的尊重。可以说,密立根的保守主义倾向明显地带有他实验家的特征。从实质上来看,密立根仍然是物理学革命中的促进派,他同那种顽固维护旧物理学传统的保守派还是有明显区别的。

正是这种使新物理学在牢固的基础上稳步发展的信念,才使他在研究工作中几乎是无止境地追求严谨和精确。对实验事实的严格尊重,培养了他严肃的科学态度。这两点正是他研究工作中的突出特征,并贯穿于他一生的科学活动之中。正因为如此,他能在实验物理学的广泛领域中取得杰出成就就不是偶然的了。

密立根从不把自己仅仅限制在实验室中。他关心社会,对国际、国内的许多重大问题都要发表自己的看法。但在不少问题上他也表现出了保守的倾向。

在有关社会发展的问题上,他认为社会发展最根本的原因在于科学进步,因而他对于进行社会变革持激烈的反对态度。作为罗斯福总统的首届科学顾问委员会成员,他强烈反对罗斯福的"新政",反对政府对经济的干预,主张自由发展经济。他还反对政府对大学的支持。

在发展美国科学的问题上,他始终坚持"分散化"的原则,主张充分发挥私人的积极性,反对政府进行任何形式的"集中"。他认为,政府对科学过多的干预会使科学丧失其独立性和自由,这对科学的发展将是一个灾难。第二次世界大战结束后，美国政府酝酿建立政府支持科学研究的机构——国家科学基金会，密立根对此激烈反对。他不顾年迈，四处奔走，企图阻止这一机构的建立，但是大势所趋，这位当年美国科学界叱咤风云的人物如今在这个问题上却找不到几个支持者了。

还应当指出的是，虽然密立根在如何发展美国科学的问题上有其保守的一面，但是在实际工作中他又具有大胆改革、勇于创新的一面。不管怎样，他始终将促进美国科学的发展作为自己的职责，他能够清醒地认识到国家科学事业发展的主要问题，善于打破旧框架，开创新局面。因而，在实际工作中他仍对美国科学的发展做出了重大贡献。

密立根投身于物理学时，美国的物理科学还是相当落后的，到他结束自己的科学生涯时，美国已成为世界物理科学的中心。密立根的一生经历了这一变化的整个历程，是这一巨大变化的见证人，并为此而满怀信心地奋斗了半个多世纪。他为增进人类知识和促进美国科学发展所做出的贡献在他同时代的美国科学家中是很少有人能与之相比的。

1953年12月19日，在科学的疆场上驰骋了一生的密立根安然长逝，终年85岁。回顾密立根丰富多彩的一生，我们可以看到，他始终如一地将自己与增进人类知识和促进美国科学发展的伟大事业联系在一起，并将这一伟大事业置于个人的抱负之上，这正是他的伟大之处和他取得如此杰出成就的最根本原因。

（作者：张　炜）

布拉格
最年轻的诺贝尔奖获得者

威廉·劳伦斯·布拉格
(William Lawrence Bragg, 1890—1971)

本文要介绍的是 1915 年度物理学奖获得者之一的威廉·劳伦斯·布拉格，而与他同时获奖的是他的父亲威廉·亨利·布拉格。威廉·劳伦斯·布拉格不仅是物理学领域 X 射线晶体学的主要开创者，为它的发展贡献了毕生精力，而且也是将这项技术引入生命科学研究的重要倡导者，为分子生物学的建立奠定了坚实基础。他首创 X 射线晶体结构分析时年仅 22 岁，荣获诺贝尔奖时也只有 25 岁，至今仍保持着最年轻的诺贝尔奖获得者称号的纪录。

一、阿德莱德：在令人鼓舞的科学气氛中度过的少年时代

威廉·劳伦斯·布拉格（以下简称布拉格），1890 年 3 月 31 日出生于南澳大利亚港口城市阿德莱德。布拉格的父亲威廉·亨利·布拉格（以下简称老布拉格）是剑桥大学的高材生，毕业后由 J. J. 汤姆孙推荐远涉重洋去南澳大利亚阿德莱德大学接替兰姆的数学和物理学教授职位。3 年后，老布拉格与南澳大利亚邮政总长和政府天文学家托德的女儿格温多林·托德结婚，次年即生下布拉格。

出生在这样一个科学家庭之中，布拉格从小就有机会耳闻目睹父亲和外公的许多科学活动。布拉格 6 岁那年便与 X 射线结下了缘分，那时 X 射线才发现不久，他父亲已经在阿德莱德大学制作成了一只 X 射线管，碰巧当时布拉格摔坏了胳膊，于是就用来给他拍

摄 X 射线照片以检查骨伤。从此，布拉格对 X 射线留下了深刻的印象。另一方面，布拉格的父亲也特别注重对年幼的儿子进行潜移默化的科学熏陶。布拉格在古稀之年还清楚地记得，父亲在外公的天文台安装地震仪以及他们在南澳大利亚首次架设马可尼无线电报机的情景。

除了父亲和外公的科学活动让他耳濡目染，布拉格所接受的学校教育也十分良好。他 5 岁就上学，先在一个由修女会开办的学校学习，后进入预科学校。在预科学校里，布拉格已经显示出了他在空间思维方面的才能，他偷偷地旁听了几次高年级的几何课便能向同班同学讲解其中的定理。布拉格 11 岁那年，父母把他送入当地一所有名的英格兰教会学校圣·彼得公学，在这里布拉格共学习了 8 门课，包括英语、英国文学、法语、拉丁语、希腊语、经文、数学和化学。在这 8 门课中，布拉格除了对数学怀有浓厚的兴趣，还特别喜爱化学课中的实验。化学老师对他也特别器重，常常让他在午休时间到实验室里准备下午的实验，而下午上课时则由他来做演示实验。这是布拉格第一次亲身接触科学实验，使他第一次对科学方法产生了由衷的兴趣。他常常在课余时间与弟弟一起搞一些小制作，例如利用父亲学校里的技工送的废旧零件，装配成简单的莫尔斯发声器和电话机等。布拉格的另一个课外兴趣是搜集贝壳，他常常沿着海滩寻找罕见的贝壳，还发现过一种乌贼的新品种，被贝类学家命名为布拉格乌贼。

1905 年，年仅 15 岁的布拉格进入了父亲所在的阿德莱德大学，学习数学（主科）和物理学（副科），这是他第一次接受正规物理教育。在大学学习的几年中，正值他父亲科学研究生涯的新起点。老布拉格在到阿德莱德大学任教的头8年（1896—1904）里一直将主要精力集中在教学和学校管理上，其间只发表过3篇有关静电学和电磁场能量方面的小论文，从1904年起才开始了一系列独创性的研究。首先是关于α射线射程及其气体电离，以后又扩展到对γ射线和X射线气体电离的研究，就这样在此后的4年内他接连发表了12篇有分量的论文，从而很快在澳大利亚乃至英国本土的物理学界建立起声望，跻身于一流的富有创见研究者的行列。这期间，老布拉格经常与儿子谈论自己的研究工作，这就使学生时代的布拉格了解到一些科学研究的前沿问题。由此可见，布拉格从小就已生活在一种浓厚的科学气氛中了，这对他日后在科学研究中取得成就无疑具有很大影响。

此后不久的1908年，年仅18岁的布拉格以优等成绩在阿德莱德大学获得数学学士学位。恰好在这年他父亲被聘为英国利兹大学的卡文迪许实验室物理学讲座教授，次年他便随全家来到英国，并于暑假后进入剑桥大学三一学院继续攻读。在这里，布拉格开始了他长达半个多世纪的科学生涯。

二、剑桥大学：与父亲共创X射线晶体学而分享诺贝尔奖

布拉格进入剑桥大学的第一年仍然是主攻数学，先后听过怀特海、哈代等名家的课，一心朝着未来成为数学家的方向发奋苦读。在学期末临考前，他却不幸患了肺炎，但还是坚持在病榻上带着高烧参加了考试。对此，老师十分感动，特别为他的考卷写

了评语，说其中充满了活力和热情。布拉格日后曾风趣地说是"高烧帮了大忙才会有这么好的结果"。由于表现出色，第一年末他获得了数学科目的大奖学金（与之相对还有小奖学金）。然而，在父亲的劝说和敦促下，布拉格从第二学年起，毅然放弃了作为主攻方向的数学而改学物理。凭借着深厚的数学功底，布拉格只用了一年时间就学完了全部必修课程，并以优等成绩通过了自然科学荣誉学位考试。此后，布拉格便转到了著名的卡文迪许实验室，开始在剑桥物理学"伟大长者"J. J. 汤姆孙爵士的指导下从事实际的科研工作。

J. J. 汤姆孙给布拉格的研究课题是测量离子在气体中的迁移率。那时的卡文迪许实验室除了布拉格之外，还有大约 40 名研究生在 J. J. 汤姆孙的指导下从事研究。在这种情况下，实验室的仪器设备就显得有点满足不了研究的需要了。尽管附设有一个金工车间和一名技工，学生们做实验还是得自备工具箱，自己动手。这事难不倒布拉格，因为早在阿德莱德大学时期，由于那儿的实验室几乎没什么专业仪器，布拉格父子曾专门去一个工厂学习过金属车削，并学会了自己设计制作仪器。所以到英国后，老布拉格的利兹大学实验室里，各种研究仪器和加工设备一应齐全，随时都可以使用。这就给布拉格创造了利用假期去父亲实验室工作的条件。

1912 年的暑假，布拉格照常来到父亲的实验室。当时老布拉格刚刚得知冯·劳厄、弗里德里希和克尼平关于 X 射线晶体衍射现象的报告，于是父子俩便讨论了起来。按照冯·劳厄的解释，晶体由空间点阵组成，相当于一个三维光栅，而 X 射线的晶体衍射现象则正好说明了X射线是像光一样的波动。冯·劳厄还提出了一个三维点阵衍射的数学理论，并试图以此来对闪锌矿即ZnS晶体的衍射图进行定量分析。其中为了与实验结果相符合，他作了两个简化问题的假定：（1）ZnS晶体为简单立方晶体；（2）入射X射线仅包含五种特定的波长。但他的定量分析与实验结果的对比仍然难以令人满意。对此，老布拉格根据自己此前对α射线、γ射线和X射线的研究，提出了与冯·劳厄相反的观点。他认为X射线应该是一种中性粒子流或带异号电荷的偶极子流，总之是微粒而不是波动。布拉格受父亲的影响当然也是微粒论的支持者。所以，暑假期间父子俩想方设法用微粒理论来对冯·劳厄衍射图作出解释。当假期临近结束时，布拉格还设计了一个实验以验证冯·劳厄图上的斑点会不会是沿着晶体中原子间的空隙或"通道"射出来的X射线微粒造成的。但他的实验没有得出任何肯定结果。父子俩的这次尝试可以在老布拉格后来（1921年10月18日）写给《自然》杂志的一封研究信中看到。实际上，那时候德国亚琛技术大学的斯塔克也曾独立地提出过一个类似的解释以说明冯·劳厄图的成因。

暑假结束，布拉格回到剑桥大学，但他还在思考着冯·劳厄的照片。经过反复研究，最后他开始确信冯·劳厄把衍射图的产生归结为一种波的衍射效应可能是正确的。不过他同时发现冯·劳厄在分析ZnS晶体的衍射图时所作的两个假定却是值得怀疑的。问题的端倪来自下图所示的一个实验事实，即当照相底片从靠近晶体的位置远移时（从P_1到P_2），照片上的衍射斑将由圆形变为椭圆形。如果按冯·劳厄的假定，入射X射线波长为定值，那么根据光学原理，出射线只有在某个确定的角度才能产生衍射,也就是衍射线应该是平行的。

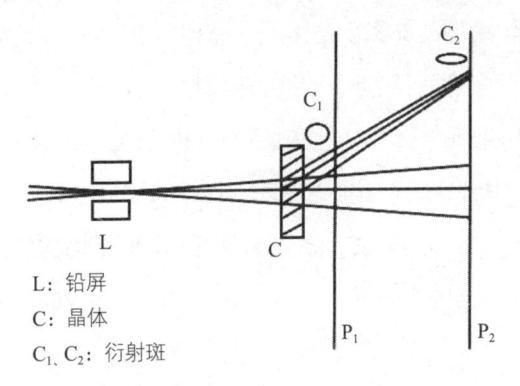

L：铅屏
C：晶体
C_1、C_2：衍射斑

布拉格对衍射斑形状变化的解释

但这显然难以解释照相底片远移则衍射斑变扁的实验事实。由此看来,冯·劳厄的假定必须抛弃,但若抛弃了冯·劳厄的假定,又如何才能圆满地解释 ZnS 晶体的衍射图呢?这时,有几位物理大咖的理论观点给了布拉格很大启示,使他灵感突发、茅塞顿开,困难也就迎刃而解。

启示之一来自发明了物理仪器云室,并以其名字命名的威尔逊。他那时常在卡文迪许实验室开设物理光学讲座,在一次讲座中他指出:

> 我们可以把一束白光看作是各种单色光的复合,这些单色光通过一个衍射光栅就分解成一个光谱;同时,我们也可以把它看作是由一系列不规则的脉冲组成的,当它们通过一个光栅时就产生一列列不同波长的波从而形成光谱。

布拉格听过威尔逊的讲座，对他这几句话印象特别深刻。

启示之二来自提出著名旋度公式的数学物理学家斯托克斯，他早在 1896 年伦琴的新发现不久后，就对 X 射线的本质发表了自己的见解，认为这种射线是一些波长很短的电磁辐射脉冲。当时法国的利埃纳和德国的维谢尔也提出过类似的理论。布拉格是在 J. J. 汤姆孙的讲座中听到斯托克斯这个理论观点的。

启示之三来自化学家巴洛和普珀关于晶体结构的理论。他们曾提出像 ZnS 那样的立方晶体中原子是密排的，即我们现在所说的立方密排——除在立方体的八个角上占有原子外，在其六个面的中心也有原子。他们的这个理论很少为当时物理学家所知，而布拉格回忆说：

> 碰巧我知道，……那时我参加了一个小型科学社团，那里的一个成员给了我一份有关该理论的论文。所以我知道原子在空间点阵中是排列成面的！

在这些思想的启发下，布拉格果断抛弃了冯·劳厄的入射 X 射线波长为一定的假定，而把它看作是一系列不同波长的电磁脉冲。同时，他还发现如果将点阵的阵点看成是排列成面的话，那么当一束波投射到这些面上时，由平面阵点散射而来的子波就形成一个反射波，这跟光学中的惠更斯原理是类似的，由此他大胆引入了"镜面反射"的概念。而应用镜面反射的概念，布拉格便轻易地解释了前述的实验结果，因为在那个实验中 X 射线可看作是被晶体中的原子面所反射，反射线沿竖直方向有汇聚的趋势，所以底片放得愈远，其上面的衍射斑就显得愈扁。最后，他进一步尝试把 ZnS 晶体看作是面心立方晶体，用这种原子排列果然圆满地解释了其衍射图。

于是，布拉格于 1912 年 11 月 11 日向剑桥哲学学会宣读了题为《晶体对短波长电磁波的衍射》这篇著名的论文，报告他几个月来的研究成果。

概括地说，这篇论文包括如下三个方面的重大发展：（1）把衍射斑解释为入射线在晶体内部原子面上的反射；（2）假定入射线为连续谱，而反射平面对波长适合面间距的入射线具有选择作用；（3）证明了闪锌矿为面心立方晶体，而非简单立方晶体。此外，在该论文中布拉格首次提出了一个著名的关系式，即后来所称的布拉格定律：$n\lambda=2d\sin\theta$，不过当时的形式为 $n\lambda=2\cos\Theta$（这里，θ 称为掠射角，为入射线与反射平面之夹角，而 Θ 为入射线反射平面法线之夹角，显然 $\Theta=90°-\theta$，故 $\cos\Theta=\sin\theta$）。

在论文宣读完毕后的讨论中，威尔逊提出了这样一个问题：既然晶体内的原子面能够反射 X 射线，那么晶体表面上的原子是否也能反射 X 射线呢？在威尔逊的建议下，布拉格用一片约 1 毫米厚的具有光滑解理面的云母片做了实验，结果证明其解理面也能反射 X 射线。这样，镜面反射的思想便得到了进一步的证实。

布拉格这篇论文的重要性，在于它揭示了可以用 X 射线的晶体衍射来获得晶体结构的信息。正如布拉格自己所说：

> 我们俩处理 X 射线晶体衍射问题的最大差别是，劳厄是通过假定入射线中存在某些特定的波长来解释衍射束的强度，而我则是用衍射束的强度来揭示晶体中原子的排列。

可见这篇论文实际上已经标志着 X 射线晶体学的诞生。

布拉格的研究结果引起了剑桥大学化学系主任普珀教授的很大兴趣，因为这些结果似乎可以用来证实他和巴洛提出的晶体结构的理论。他给了布拉格一些氯化钾和氯化钠晶体的样品，认为它们的结构可能更为简单，鼓励布拉格继续进行实验。布拉格立即拍摄了它们的衍射照片，结果表明其衍射图确实比闪锌矿的还要简单。根据衍射图中衍射斑的分布和强度变化，布拉格很快获得了这两种晶体的结构，从而完成了第一个完整的晶体结构分析。因为急于继续用这种冯·劳厄照相的方法去测定金刚石的结构，所以上述两种晶体结构的研究结果并未马上发表，直到 1913 年 6 月布拉格才向皇家学会报告这些结果。

然而，当布拉格用同样的方法去测定金刚石结构的时候却遇到了困难。这是因为照片上衍射斑的强度不仅与晶体结构有关，而且还与入射线中不同波长的波的强度有关，这样结构稍微复杂一点问题就会变得十分困难。1913 年暑假，布拉格带着这个问题再次来到父亲在利兹大学的实验室，他发现利用父亲得到的特征 X 射线照射晶体并用父亲设计的 X 射线分光计测量其反射强度就能避免上述困难。于是，父子俩立即将这种方法应用于金刚石结构的测定，结果很快得出了正确的结构。此后，布拉格还利用 X 射线分光计测定了萤石、黄铁矿和方解石等的结构。1914年，布拉格开始与父亲联合写作《X射线与晶体结构》一书，在这本书中，父子俩总结了他们在X射线晶体结构分析开创阶段所做的工作。

1914年8月，英德之间发生了战争，布拉格被迫中断其晶体结构研究而加入皇家骑炮兵，一年后又被派往法国从事声波测距的研究。1915年冬，正当布拉格在比利时前线建立一个声波测距装置时，传来了布拉格父子双双荣获该年诺贝尔物理学奖的喜讯。

尽管由于战争的原因，布拉格父子均未能出席授奖仪式，但是他们俩的获奖却在诺贝尔奖颁奖史上创下了两项纪录，即父子分享诺贝尔奖的纪录和布拉格的获奖年龄最小（25岁）的纪录，从而传为佳话。

三、曼彻斯特：建立研究学派、完善X射线分析方法

第一次世界大战结束后，布拉格于1919年初重返剑桥成为三一学院的讲师，同年秋前往曼彻斯特大学接替卢瑟福出任兰沃西物理学讲座教授和物理系主任职位，当时他才29岁。在该校副校长、晶体学教授米尔斯爵士的支持和协助下，布拉格很快建立起了X射线晶体学实验室。他在给当时任教于伦敦大学学院的父亲的信中充满信心地写道：

> 我自己的仪器已快安装好了，詹姆斯和我正等待着开始我们的研究。我已经有了一两个想法想试一试。

布拉格这里所说的一两个想法之一，便是离子具有特定大小的思想。

其实，早在一战前夕布拉格就在思考这个问题了，但是接踵而来的战争使他不得不将其搁置一边。到任曼彻斯特后，他的第一项工作就是继续这方面的研究。根据其 X 射线结构分析，布拉格发现离子化合物中各离子中心间的距离在相当高的近似程度上遵守一种相加定律。这一发现使他马上意识到离子可能就像一个具有特定大小的球体，也就是说可以给每一个离子规定一个半径，只要使两个离子半径之和正好等于离子化合物中该两离子中心间的距离即可。这里，离子中心间的距离是可以用 X 射线分析测定的，但仅有这个数据，正负离子的半径各为多大却仍难以确定，因为可以认为它们相等，也可以给正离子半径加上一个值同时在负离子半径中减去同样的值，离子中心间的距离仍可保持不变。可见，要确定离子半径的值，必须要引进一个能够标记它们范围的基准。基于这一想法，布拉格于 1920 年发表了首批实验测定的离子半径数值。遗憾的是，在选取基准线时他用的是黄铁矿（FeS_2）中两个硫原子间的距离，由于实际上黄铁矿中两个硫原子间的链是共价键，其间的结合较离子键紧密，所以由此得到的硫离子半径就比实际的偏小。布拉格的这一错误后来为瓦萨斯泽纳所纠正，后者通过对折射率的研究确定了共价氧负离子半径的数值并以此为基准获得了一套离子半径的数值。之后，离子半径的数值又由戈德施米特在其关于地球化学的著作中作了进一步的订正。它们在日后的矿物结构分析中起了重要的作用。

布拉格所说的一两个想法之二是关于 X 射线反射强度的定量研究。在 20 世纪 20 年代乃至 30 年代，多数晶体学家都还是采用冯·劳厄照相的方法测量 X 射线衍射，当时这种方法只能得到反射 X 射线的相对强度即定性数据，而用定性数据测定复杂晶体结构是十分困难的。为此布拉格与他的同事詹姆斯和博赞基特从 1921 年起开始了对 X 射线反射强度的定量研究。这一研究具有两个方面的意义：一是检验达尔文于 1914 年提出的 X 射线反射强度公式；二是测量原子散射因子 f，即一个原子与一个自由电子相比的散射 X 射线能力，它是测定复杂晶体结构的基本数据参数。在这项研究中，他们所用的晶体是结构已知的岩盐即氯化钠晶体，所用的测量仪器是 X 射线分光计，所用的测量方法是布拉格的父亲在战前提出的扫描法。

整个实验工作相当费时，需要很高技巧，但他们还是取得了成功。其结果表明，岩盐晶体对 X 射线的反射十分接近于理想不完整晶体（即嵌镶晶体）的达尔文公式。根据这个公式，反射 X 射线的强度正比于结构振幅（F，即整个晶胞与一个自由电子相比散射 X 射线的能力）的平方，这样就可以根据反射强度确定每一个反射结构振幅的绝对值，并进一步得到钠和氯的原子散射因子实验值。他们的这项工作激起了同在曼彻斯特大学的理论家哈特里的浓厚兴趣，他于 1925 年根据原子的玻尔轨道模型计算了 f 的理论值，后来为了提高 f 的精确度他还提出了著名的求解多电子原子问题的自洽场方法。

关于 X 射线反射强度的定量研究，尤其是它对温度和晶体本身完整性的关系，布拉格本人并未继续下去，他把这些工作留给了詹姆斯，自己则重新致力于晶体结构的测定并在以后的几年内频繁外访，参加各种学术活动。早在1921年初，布拉格就去过布鲁塞尔出席主题为"原子和电子"的第三次索尔维物理学会议。1922年秋，布拉格又携带新婚不久的妻子前往瑞典斯德哥尔摩补作了他的诺贝尔演讲，其演讲的题目为"晶体对X射线的衍射"。

这次斯德哥尔摩之行使他与阿伦尼乌斯和韦斯特格伦等瑞典科学家建立了友谊。1924年夏，布拉格首次访问北美，先是在安阿伯讲学，后又去多伦多出席在那里举行的英国科学促进协会的年会。在上述这些出访活动中，布拉格一方面进行学术交流，另一方面广泛吸引各国有才能的年轻科学家来自己的实验室工作。据布拉格本人回忆，他在曼彻斯特的18年间（1919—1937），先后有77位国内外科学家到他的实验室从事X射线晶体结构或相关的研究，其中1935—1936年间还有3位中国学者陆学善、余瑞璜和郑建宣也到该实验室学习和工作。虽然实验室中成员来自世界各地，科学背景也不尽相同，但大家都怀有共同的兴趣、共同的目标，会聚一堂，在布拉格的领导下形成了所谓"曼彻斯特学派"。这个学派和老布拉格在伦敦的类似学派都形成和培养了英国第一代X射线晶体学家。

从1925年起，布拉格和他的学派开始了他们的硅酸盐矿物结构的研究计划，其最初是为了发展出一套具有多个参数的复杂晶体结构的分析技术。因为硅酸盐的结构正好具有足够多的参数而且很容易获得生长良好的天然晶体，所以便成为这一研究的理想材料。另一方面，他们此前对X射线反射强度的定量研究也为测定这种多参数的复杂结构提供了可能。1926年，布拉格与布朗合作完成了第一个硅酸盐橄榄石（Mg_2SiO_4）的结构测定，紧接着又测定了绿柱石（$B_3Al_2Si_6O_{18}$）的结构。在此后的几年内，布拉格与他的曼彻斯特学派测定了几乎所有能找得到的硅酸盐矿物结构，建立了一套测定复杂结构的标准方法。

1930年，布拉格发表了《硅酸盐的结构》这篇长达69页的论文，对整个工作进行了总结。1937年他还就这一论题发表了《矿物的原子构造》的专著。按照布拉格自己的说法，硅酸盐结构的研究是曼彻斯特学派的一大贡献。的确这一研究不仅为复杂结构的测定发展了一套标准方法，而且还使矿物学这门古老学科的一些基本观念发生了深刻的变化。对其他结构的系统分析还表明，各种类型的硅酸盐的基本性质多半取决于其中 SiO_4 四面体的连接方式——角与角的连接或边与边的连接，但不可能有面与面的连接——从而形成三维结构、平面结构或链状结构。对于这一精彩的结论，布拉格曾十分满意地指出：

古希腊人曾力图将科学化为数学关系和规则图形，如果他们知道，我们有幸赖以生活其上的轻型物质"浮渣"[1]，其构造乃源于四面体的几何性质，他们将会多么高兴。

硅酸盐结构的研究还导致了布拉格在曼彻斯特时期的另一项具

---

1 指硅酸盐物质，因其比较轻、熔点也比较高，经常像渣子一样浮在上面构成地壳的主要成分。

有重要意义的工作,即二维傅立叶级数法的首次应用。傅立叶级数法最早是由布拉格的父亲老布拉格于 1918 年提出的,但此后 10 年中一直没有引起人们的注意,直到 1925 年才由美国物理学家杜安"重新发现",同年另一个美国人哈维格斯特应用此法给出了晶体散射密度的表达式,1926 年康普顿又将绝对强度的测量引入傅立叶表达式。

但上述研究者的工作只是为布拉格应用二维傅立叶级数法做了理论上的准备,使它成为现实可行的方法乃是由于布拉格本人的工作。首先,布拉格在分析绿柱石结构的过程中已经尝试过一维傅立叶级数法,并从中认识到可以将尝试法和傅立叶级数法结合起来解决所遇到的"相位问题";其次,布拉格已利用对称性条件和离子半径的知识获得了透辉石的正确结构,这时才可能根据这一已知的结构模型计算作为傅立叶系数的结构振幅的相位,并结合相应的反射强度测量进行傅立叶综合。这是一项独创性研究而非傅立叶级数的简单应用。二维傅立叶级数法和在此基础上发展起来的三维傅立叶级数法为下一个阶段的生物大分子结构分析提供了有效手段。

除硅酸盐结构的研究之外,布拉格的曼彻斯特学派还在合金结构的研究中做出重要贡献。瑞典的韦斯特格伦原是对合金结构进行 X 射线分析的先驱,1926 年布拉格派自己的研究生布拉德利去瑞典向韦斯特格伦学习合金结构的 X 射线分析技术,此后布拉德利便成为曼彻斯特集团中研究合金结构的骨干,布拉格称他领导的小组是国际物理冶金学的研究中心。虽然布拉格本人并未直接参与这项研究,但却在各方面给予了热情的支持,还经常邀请一些理论家如莫特、休姆-罗瑟里、贝特和派尔斯等来自己的实验室讨论这项研究的理论意义。他自己也曾经与威廉斯合作研究过合金结构中的有序无序转变现象。

在基础性研究不断取得进展的同时，布拉格对 X 射线分析在工业中的应用也日益重视。他认为，一个国家只有具有发达的工业，物理学研究才能获得必要的资助，所以物理学家应该将其相当一部分精力用于解决实际问题。为此，他在曼彻斯特组织了一系列在工业中应用物理学的研讨会。1937 年 11 月，当布拉格离开曼彻斯特大学时，他的新职位就是以促进科研成果应用于工业为宗旨的国立物理实验室的主任。

四、卡文迪许：领导科研的组织和管理、开拓研究新领域

由于卢瑟福的突然逝世，1938 年英国物理学界展开了一次有趣的"占椅子游戏"：布拉格从国立物理实验室来到剑桥大学接替卢瑟福的卡文迪许实验室主任职位；布莱克特从伯克贝克学院前往曼彻斯特大学替补布拉格离开后的空缺；而贝尔纳则从剑桥大学去了伯克贝克学院继任布莱克特的物理系主任之职。这次，布拉格是在一个十分困难的时刻接任卢瑟福的职位的。首先，众所周知，卡文迪许实验室在卢瑟福领导期间曾经是世界核物理研究的中心，但是一战后核物理研究已经越来越朝着所谓"大科学"的方向发展，卡文迪许实验室以至剑桥大学的传统和结构已不太能适应这种变化，加上布拉格本人并非核物理学家，所以这种中心地位在布拉格的任期内能否维持下去是个未知数。其次，更加迫在眉睫的困难是，希

特勒德国穷兵黩武，第二次世界大战即将爆发的危险迫在眉睫，很可能和第一次世界大战一样，在战争中许多科学研究人员将不得不卷入战争，实验室的研究工作因此会面临难以开展的境地。尽管如此，布拉格还是在任期内交出了一份令人满意的答卷，不但领导实验室走向新的高度，他本人在二战期间也完成了不少富有创见的研究工作。

首先，他提出了一种构思新颖的光学变换方法。在晶体结构分析中应用傅立叶级数法需要进行大量的计算，这在数字计算机出现之前是一件十分艰巨的工作。能否用一种物理途径代替上述计算呢？布拉格利用阿贝的显微镜成像理论对可见光的衍射和X射线的衍射进行了比较。按照阿贝的理论，显微镜的成像可以看作是二次衍射的结果，其中透镜的作用有如一台模拟计算机，它通过物理的途径实现傅立叶变换，即透镜能使物体产生衍射图形从而成像。但是，透镜不能使X射线聚焦，所以无法让透镜产生X射线的衍射图形，这样就无法形成被衍射物体（即晶体）的结构图像。为了解决这一困难，布拉格采用了一个变通的办法，就是用可见光代替X射线，这就产生了所谓的光学变换法。在实际应用中光学变换法可以有两种用法。一种是做一个开有小孔的障板，其中孔的面积正比于X射线衍射图形中结构振幅的大小，孔的位置安排在相应的衍射斑的位置上，这样便可得到它的光学衍射图形，该图形就是原子排列的二维投影的像，布拉格将产生这种图像的装置称作"X射线显微镜"。另一种用法则正好相反：从一种猜想的原子排列图像出发制作晶体结构平面投影模型，原子用障板上的小孔表示，光从后面照射这块障板，通过许多所谓的"蝇眼"透镜在照相底片上产生障板的像，形成一个交叉光栅，用这种光栅得到的光学衍射图形可与实际的 X 射线衍射图形进行比较，从而判定所猜想的原子排列是否正确。光学变换方法在解决复杂晶体结构的测定中是一种有用的辅助方法，如霍奇金就曾在测定青霉素结构的过程中应用过这种方法。二战后，布拉格把进一步发展光学变换法的工作交给了利普森，后者经过钻研后大大推进这个方法，还专门就此写了一部专著，书名为《光学变换》(1964)。

除此之外，在二战期间布拉格对金属研究的最大贡献是提出了金属结构的泡筏模型，应用这种简单、直观的模型，他研究了金属的塑性流变等问题。二战后，他进一步用这个模型研究了位错的产生、运动及其与金属塑性流变的关系等，这一工作在位错理论的建立和流传方面产生了积极作用。

上述两项工作充分体现了布拉格的科学研究特色：重视基础理论和实验，同时也不忽视实际应用。

布拉格平生的一大业余爱好是绘画，而他的科学生涯也近乎是一种艺术活动，正如他的学生佩鲁茨所说：

> 他从事科学研究的方法也是一种艺术的方法。他喜欢用简单的模型来解释科学概念，例如，用肥皂泡筏说明金属的形变，用一种称作 X 射线显微镜的光学仪器把观察到的 X 射线衍射图形转变成一幅结构图像；用蝇眼借助于可见光模拟 X 射线衍射，用一把钉有螺旋状排列起来的钉子

的扫帚柄作为螺旋状多肽链的模型。正是这种富有艺术和想象力的眼光才使他把 X 射线衍射简单地看作是来自一组平行的点阵平面的反射,而不是像冯·劳厄那样同时列出具有三个式子的数学方程组。

某种程度上,可以说布拉格的工作将斯诺所谓的科学与人文这"两种文化"自然而然地统一起来了。

二战结束后,布拉格开始了他的重振卡文迪许实验室计划。他认为,战后的卡文迪许实验室已不可能像以前那样仅仅由一个研究小组在一个具有影响力的领袖人物领导下展开小作坊式的科研活动,规模必须扩大。比较理想的研究单元是科研人员 6 到 12 人,助手若干名,再加上一个或多个熟练的技工和一个能够制作各种常用仪器的附属工厂。所以,到 1948 年,卡文迪许实验室的研究人员被分成为六组,分别从事核物理、无线电物理、低温物理、晶体学、金属物理和数学物理的研究。除在一些总的原则上彼此保持协调、科研经费总数受到限制之外,布拉格给了这些研究小组尽可能多的自主权。卡文迪许实验室的这种扁平化和民主化管理方式在整个剑桥大学也有很大反响,对实验室此后的发展更是产生了深远影响。

在上述六个研究组中,布拉格对包含在无线电物理小组内的射电天文学和包含在晶体学小组内的生物分子结构研究——后来发展为分子生物学——这两个新的分支学科给予了特别支持。正是这两个新的研究领域使卡文迪许实验室再次领先于整个世界,产生了赖尔、赫威什、佩鲁茨、肯德鲁、克里克等一批诺贝尔奖获得者。限于篇幅，这里仅就布拉格帮助佩鲁茨建立分子生物学实验和他本人在蛋白质结构研究中的工作做一简要介绍。

卡文迪许实验室对蛋白质结构的 X 射线研究始于贝尔纳。早在 1934 年贝尔纳就与他的学生克劳富特拍摄了第一张结晶蛋白（胃蛋白酶）的 X 射线衍射照片。1936 年，来自奥地利的年轻大学毕业生佩鲁茨加入这一研究行列，他选定血红蛋白晶体作为博士研究的课题，试图揭开其结构的奥秘。1938 年，贝尔纳调往伯克学院，他的晶体学研究班子也随之前往，唯有佩鲁茨因无法找到资助而被留了下来。原来佩鲁茨到卡文迪许实验室攻读博士学位是靠父母的资助，1938 年纳粹德国入侵奥地利，父亲所开的纺织厂被毁，因此非但不能再资助他读书，就连自己的身家性命也难保。佩鲁茨想找个工作挣点钱以完成学业，然而在当时的英国外国人是不允许找工作的。就在这个欲回（国）不能、欲留不成的时刻，布拉格来到了卡文迪许实验室，他看了佩鲁茨拍摄的血红蛋白 X 射线衍射照片，马上意识到了将 X 射线分析应用于研究生物大分子结构的前景，很快就为佩鲁茨申请到洛克菲勒基金的助学金。佩鲁茨完成博士论文后布拉格又为他申请了英国帝国化学工业公司为期三年的研究金，使他能在卡文迪许实验室继续从事血红蛋白的结构的研究，并招收了第一位研究生肯德鲁。1947 年，当这笔研究金临近结束时，布拉格要求校方为佩鲁茨提供一份工作，但校方的反应似乎不太积极，大概他们认为让一个化学家（佩鲁茨在大学里学的是化学）在物理系从事实际上是生物学课题的研究不太合适。为此，佩鲁茨曾一度有过放弃血红蛋白研究而去工业界找个工作的想法。就在这个关键时刻，布拉格找到了医学研究委员会的秘书、营养学家爱德华·梅伦比爵士，向他解释说佩鲁茨正四处寻求经费，要是能够获得资助其工作成果将能在分子水平上揭示生命运动的奥秘。在布拉格的一再鼓动下，梅伦比决定冒险资助此项研究。于是，1947年10月卡文迪许实验室内正式成立了"医学研究委员会生物分子结构研究的小组"，这就是现在的分子生物学实验室的前身。从此，佩鲁茨的血红蛋白结构研究便有了稳定的经费来源，研究队伍也随之壮大起来。

布拉格帮助佩鲁茨建立实验室后，自己也开始参加到了具体的蛋白质结构测定工作中。1950年，他与肯德鲁和佩鲁茨合作对多肽链形状进行了研究，提出最有可能的形状是螺旋结构，遗憾的是由于他们没有认识到肽单位的平面构型特点以及每圈螺旋中的氨基酸数目为非整数的可能性，因而未能得出正确的结构。次年，鲍林基于他们的工作而提出了正确的结构即 α 螺旋。

尽管初试不利，但布拉格对蛋白质工作的热情却有增无减。1952年，布拉格和佩鲁茨发表了两篇讨论血红蛋白分子外形的论文，首次获得了定量性信息。同年，他们又利用血红蛋白晶体为单斜晶体的特点以及其晶胞在结晶水含量变化时产生的收缩和膨胀特性，并应用随机函数的傅立叶变换所遵循的最小波长理论，确定了反射的正负号，从而计算出分子的电子密度在 C 晶轴上的投影数。这一方法尽管所得的相位信息不多，也不能普遍应用，但它作为一种辅助方法为佩鲁茨日后应用同晶置换法于蛋白质结构测定的可行性提供了有力佐证。如果说同晶置换法的成功应用，为彻底解决相位问题从而最终测定球状蛋白质的结构打开了通向胜利的大门,那么1954年布拉格与佩鲁茨完成的血红蛋白分子电子密度的平面投影便是进入大门后迈出的第一步。这之后,由于布拉格去了皇家学院,所以没有再直接参与血红蛋白结构测定的工作。而佩鲁茨则继续着相关研究,最终与肯德鲁共获1962年的诺贝尔化学奖。同一年获得诺贝尔生理学或医学奖的,是曾在英国剑桥卡文迪许实验室工作和学习过的两位年轻科学家沃森与克里克,他们琢磨DNA双螺旋模型的1951—1953年间,正好也是布拉格任职实验室主任的时间。

五、皇家学院:致力于少儿科学教育和大众科学普及

皇家学院的全称为"大不列颠皇家学院",由伦福德伯爵(即本杰明·汤普森)创建于1799年,其最初的目的是"传播并介绍有用的机械发明和技术革新的知识,并通过科学演讲和实验来进行将科学应用于日常生活的教学",经费来源为私人捐赠。经过其早期的几位研究者,特别是戴维和法拉第的努力,形成了自己独特的风格,即一方面在实验室内进行科学研究,另一方面在学院的演讲厅开设各种科学讲座,向听众报告最新的科学发现。在戴维和法拉第时代,听众主要是伦敦的上流社会人士,这样做的目的当然是为了争取更多的捐款——在皇家学院的整个历史中,经费问题始终是一个让其领导人煞费苦心的问题。当布拉格于1954年初来到皇家学院时,他所面临的最紧迫问题仍然是经费。特别是随着无线电广播、电视和科普杂志等各种传播媒介的发展,皇家学院在传播科学

知识方面的传统地位遭到了严重挑战，所以靠吸引少数富裕人士举办讲座劝捐的办法已不能满足其庞大开支，经费窘迫问题变得更为突出。要彻底解决这一难题，布拉格认为皇家学院必须面向更广泛的社会公众，提供更多的服务，以争取新的资助来源。为此，布拉格在他的任期内为皇家学院开设了两个新科学讲座，并把自己的主要精力集中在这一工作上。

首先开设的是面向中学生的讲座，这个讲座实际上是传统圣诞演讲的一个发展。圣诞演讲由法拉第创始于1826年，在每年圣诞节后的2个星期内共安排6次讲座形成一个系列，主要对象是12—17岁的少年。而布拉格新开设的讲座与圣诞演讲的不同之处在于它是整年进行的。开设这样的讲座，其目的不是重复课堂上讲过的知识，而主要是向中学生们演示一些实验，这些实验在学校里由于条件的限制，学生们仅能在教科书上读一读或课堂上听一听，基本上都属于纸上谈兵，动口不动手。而1954年开始的新讲座，头三讲由布拉格亲自主持，主题是电学，不但讲，主要是动手做各种相关实验。1954—1955年间，同样的内容重复演讲和演示了四个回合。以后其规模不断扩大，到1965年，一个回合的次数达到了10讲，其内容丰富且各不相同。这样的回合一年内重复4次，全年便可向大伦敦区内的中学分发22000张入场券。这个新讲座不仅受到了学校和教育当局的热烈欢迎，而且也引起了工业界的关注和兴趣，使他们看到了皇家学院在训练未来科学家和工程师过程中的重要作用。这时，布拉格便抓住时机向工业界争取捐款。工业界也很快作出反应，成立了一个新型的捐助者集团。于是，捐款迅速增加，很快使皇家学院摆脱了经费困境，各项活动蓬勃开展起来。

1964年起，布拉格又在皇家学院开设了另一个讲座，其对象是没有受过科学训练的政府公务员，主要目的是向他们普及一些科学方法、历史和哲学方面的知识，而不仅仅是介绍具体的科学事实。如布拉格在自己主讲的"电学与磁学"一讲中，就曾以伽伐尼的实验为例，特别强调了好奇心在科学研究中的作用。

除了布拉格本人外，他还邀请了其他一些英国著名科学家充当主讲人。这个讲座从一开始提出设想起就得到了英国财政部的大力支持，开办之后也受到了参加听讲的大多数政府公务员的欢迎，其意义和影响力至今仍值得回味。

布拉格还充分利用新发展起来的电视这种大众传播媒介进行科学普及和宣讲。他和皇家学院的同事们与英国广播公司（BBC）密切合作，编制了一系列电视科普讲座。布拉格由于在电视屏幕上的出色演讲，给广大观众留下深刻印象，以至于当他有一天在大街上碰到一位做果菜生意的妇女时，直接被其辨认出来。那妇女惊奇地告诉他说，他与她昨晚在电视上看到的那个人真是判若两人。由此足见布拉格的讲座在一般公众中所产生的影响。

在热心致力科学普及的同时，这个时期的布拉格也仍然领导和组织着前沿科学的研究和探索。早在1948年，他曾应邀担任索尔维物理学会议主席，并连续主持了2次会议。来皇家学院后他又继续主持了主题分别为"金属中的电子"（1954）、"宇宙的结构和演化"（1958）和"场论"（1964）等3次索尔维物理学会议，成为该著名物理学会议历史上继洛伦兹之后第二个主持过5次会议的人。

至于布拉格在卡文迪许实验室时期所热心关注的蛋白质结构的测定,来皇家学院后他已很少具体参与,但他所领导的戴维－法拉第实验室却仍在蛋白质结构的测定中不断努力钻研,并最终做出了重大贡献。布拉格到皇家学院时就带了部分卡文迪许年轻成员过来,他本想让佩鲁茨和肯德鲁也一起过来,但考虑到剑桥的环境对他们保持研究活力可能更有力,所以没有坚持要他们过来。不过仍然与他们保持着密切联系,并联合进行有关研究。就这样,戴维－法拉第实验室也加入了部分血红蛋白和肌红蛋白的研究工作。在这些研究工作中,菲利普斯和诺思等在数据的自动收集和计算机程序设计方面做出了特别重要的贡献。此外,在布拉格75岁生日的前夕,也就是他退休的前一年即1965年,菲利普斯等还在皇家学院用X射线衍射测定了溶菌酶分子的完整三维结构,这是第一个得到成功测定的酶分子,它的测定同时证实了第二位诺贝尔化学奖得主费歇尔早年提出的关于酶和底物间关系的"锁和钥匙"假说。这一成果也是布拉格在领导皇家学院期间所完成的一项重大科研成果。

1966年9月,在辛勤从事科研工作半个多世纪后,已经76岁的布拉格退休了。但他仍然保留着皇家学院名誉教授的称号,也还经常去那儿作演讲,直到5年后的1971年。这年7月1日,布拉格在他家附近的医院告别了人世,享年81岁。

在他身后,留下了给物理学、化学、矿物学、冶金学乃至生物化学和分子生物学带来过革命性影响的X射线分析这一探索物质世界奥秘的锐利工具。

(作者:王建安)

卡皮查

经历奇特、成就杰出的苏联物理学家

彼得·利奥尼多维奇·卡皮查
(Peter Leonidovich Kapitza,1894—1984)

1978 年 10 月 17 日，瑞典皇家科学院从斯德哥尔摩致电苏联莫斯科物理问题研究所，电文中讲道：

亲爱的卡皮查院士：瑞典皇家科学院今天决定将 1978 年的诺贝尔物理学奖分成两部分，其中一半颁发给您，以表彰您在低温物理学领域中根本性的发现和发明。

此时，卡皮查已是 84 岁的高龄了。而他为之获奖的工作，却是在将近 40 年前做出的。卡皮查一生中最重要的科学工作也大多与极端条件的创造和对极端条件下物质性质的研究相关。在这些研究中，他将科学家的才能和工程师的素质在自己身上奇迹般地融为一体。在生活中，他那时而一帆风顺、时而遭遇坎坷的经历更给他蒙上了一层传奇色彩。卡皮查曾说过：

人可以分成三类：一些人站在前列，把他们的能力用于推进科学、文化和人类的发展——他们是进取者。另一些人占绝大多数，他们在一旁与进步同行，没有干预也没有帮助进步。最后一类人则站在后面，踟蹰不前、保守、怯懦而且没有想象力。

毫无疑问，在这种分类中，卡皮查当之无愧地属于第一类人中的佼佼者。

一、早年生涯

1894 年 7 月 9 日，彼得·利奥尼多维奇·卡皮查出生在俄国圣彼得堡附近科特林岛上的喀琅施塔得。卡皮查家族既有波兰贵族的血统，也继承了俄国知识分子的优秀素质。他的父亲利奥尼德·彼德罗维奇是一位才华出众的军事工程师，曾为发展俄罗斯的武装力量做出过重要贡献。他的外祖父伊罗尼姆·伊万诺维奇·斯特布尼兹斯基是位杰出的数学家、天文学家和享有国际声誉的地理学家，帝国科学院的通讯院士。卡皮查的母亲奥尔加·伊罗尼莫芙娜是一位儿童文学和民间文学方面的专家，在俄罗斯文化史上也占有一席之地。但在对卡皮查的培养中，学习数学和科学的姨母亚历山德拉所起的作用似乎更大一些。正是她首先发现卡皮查很快就掌握了几何学的知识。从中学时代起，卡皮查就养成了一种爱好，喜欢修理钟表，将它们拆开，再自己组装上。这种工艺方面的技能在他以后的科学生涯中发挥了很大作用，但在其他方面，特别是语言方面，卡皮查却并不出众，甚至有些迟钝。他曾进入喀琅施塔得一所注重人文学科教育的文科中学学习，但一年后就不得不离开那里，转入另一所理科中学。具有讽刺意味的是，在 70 年后，当他第二次获得苏联社会主义劳动英雄的称号时，他的半身塑像在喀琅施塔得市公共广场上落成，却正好面对着他当年被赶出来的那所文科中学。

由于理科中学并不开设拉丁语和希腊语课程，卡皮查中学毕业后无法进入当时最有名望的圣彼得堡大学，因此，1912年，他只好选择了圣彼得堡工学院。两年后，第一次世界大战爆发，学业暂时被打断，他应征入伍，成了波兰前线一支医疗队的司机，1916年退役后，才又回到学校继续学习。他在圣彼得堡工学院很幸运地遇到了苏联著名物理学家约飞。当时，约飞是彼得格勒甚至是苏联物理学界的带头人物，正致力于发展有别于俄国传统的现代物理学派，他将卡皮查吸收到自己领导的物理实验室中。

1916年，卡皮查一篇题为《渥拉斯顿纤维的制备》的论文发表在《俄国物理和化学学会会刊》（物理卷）上。一反传统，他采用电解的方法，对制备工艺进行了改进。这项工作首次展示了卡皮查在工艺方面的出众才华。除此之外，他还采用了一种异常简单的方法来制造很细的石英纤维，仅仅是用一张弓把蘸了熔化的石英的箭射到一块天鹅绒上，拉出来的石英纤维就随之在空气中凝固。对此技艺，他自己非常得意，后来经常对学生们津津乐道。

1918年，卡皮查大学毕业后，留在圣彼得堡工学院物理和力学系任讲师，同时也成了约飞在彼得格勒建立的物理技术研究所中的研究人员。他与约飞的关系也愈发密切了。此时，国内的经济日益困难，到秋天时，每日配给的面包只有50克，根本填不满肚子，冬季几乎没有燃料取暖，一部分教授和讲师纷纷移居国外。就是在这样的情况下，约飞仍设法留住了包括卡皮查在内的一批优秀弟子，并组织和主持了一个研讨班。在研讨班上，讨论了各种物理问题，大家毫无拘束地交流各种观点，时间经常持续到深夜。其中，弗伦克尔曾详尽地介绍了英国物理学家卢瑟福在原子核研究方面的惊人发现。但此时卡皮查却绝没有想到未来自己会与这位伟人结下不解之缘。

1919年,卡皮查提出了一个设想,可以用弯曲的晶体来使X光光束聚焦。直到10多年后,才又有人在似乎不知道卡皮查(以俄文发表的)论文的情况下,描述了同样的想法,并使之实现。1920年,卡皮查和他的同事谢苗诺夫(1956年诺贝尔化学奖获得者)一道又提出了一个用实验方法来测量原子磁矩的设想:在原子束通过一个很强的非均匀磁场时,观察原子束的离散。这篇文章直到1922年才发表,但在文章送交到发表之间的这段时间里,德国物理学家斯特恩和盖拉赫也提出了本质上基本相同的方法,并付诸实践。由于这一实验为空间的量子化提供了证明,1943年,斯特恩获得了诺贝尔物理学奖。尽管卡皮查的这些想法是领先和具有独创性的,但由于当时苏联国内物资极度缺乏,不仅没有必要的工具和仪器,甚至连普通的裸线都很难弄到,因此,卡皮查未能及时地把这些想法变成现实也就不足为怪了。当然,这是很令人遗憾的。

就在此时,一场灾难落到了卡皮查身上。在内战的动乱中,传染病流行,先是他的儿子患猩红热去世,紧接着,他的妻子和女儿又双双死于正在彼得格勒肆虐的西班牙流感。大约与此同时,他的父亲也死于流感。这一连串的打击使卡皮查悲痛得不知所措,无法再继续他的研究工作,也彻底改变了他后来的生活道路。

1920年11月,约飞成为俄国科学院院士。在他的努力下,一个名为"苏联科学院恢复与其他国家联系委员会"的机构成立了。

委员会的另一位重要成员是著名的航海工程师和应用数学家克里洛夫院士，他后来成了卡皮查的第二个岳父。这个机构可以自由地用外币在国外购买科学仪器，并得到了据列宁专门指示而拨出的一笔专款。不过，此机构另一项不公开的任务是要向国外的学者们解释在新制度下苏联的科学政策。约飞和克里洛夫都相当了解和珍惜卡皮查的科学天赋，所以他们让卡皮查也加入进来，希望到海外旅行或许能帮助他摆脱痛苦。但是，当时德国、法国和荷兰等国都不愿冒险接受一个或许是年轻的共产主义鼓动者的人，所以，1921年3月，约飞只好先行到了柏林。在那里，经过一番疏通，约飞为卡皮查搞到了去英国的签证。同年5月，卡皮查终于乘船到达了他的第二故乡英国。

二、剑桥岁月

1921年6月初，卡皮查等到了从汉堡乘船前来伦敦的约飞，他们一同开始了在英国的科学访问。6月12日，他们访问了剑桥的卢瑟福，受到热烈欢迎。卢瑟福当时已是名望卓著的物理学家，在他所取得的成就中，三项最重要的是提出放射性元素衰变理论、提出原子的有核结构模型以及用 α 粒子轰击某些元素而实现人工核嬗变。当时，在卢瑟福领导下的剑桥大学卡文迪许实验室也成为世界上实验放射性研究、原子物理学和原子核物理学研究的中心。卡皮查自然希望能有机会在此深造，并一展身手。约飞对此也没有意见。关于卡皮查向卢瑟福提出学习申请的事情，有一段广泛流传、脍炙人口的故事。卢瑟福当时说，实验室已经过分拥挤，无法再接受卡皮查的申请了。让卢瑟福惊讶的是，卡皮查机智地问了一个似乎不相干的问题："在您的实验中误差通常是多少？"卢瑟福回答说："大约百分之二到百分之三。"卡皮查马上指出，卡文迪许实验室现有大约 30 个研究人员，再多一个人也不会被注意到，因为这是在误差范围之内！就这样，卡皮查终于说服卢瑟福将自己留了下来。

新来卡文迪许实验室工作的人，通常要在查德威克的指导下进行一两个月的工作实践，以熟悉各种有关技能并进行测试，由于卡皮查的刻苦勤奋和技能超群，只用了两个星期，查德威克就很满意地让他通过了课程。当然，在卡文迪许实验室，对卡皮查影响最大的，还是卢瑟福本人。这一点在他从剑桥寄给母亲的信中清楚地表达了出来。1921 年 8 月，他写道：

……昨天我初次就一个科学研究课题和卢瑟福教授谈了话。他很和蔼，把我带到了他的房间，并给我看他的仪器。尽管他有时暴躁，但他肯定有某种过人之处。

在 10 月份，卡皮查又写道：

……卢瑟福对我越来越亲切。他见到我时，便向我点头致意，并询问我的生活情况，但我有点害怕他。我正好在他的书房隔壁工作。这很不妙，因为我吸烟必须要小心，如果他看到我嘴里叼着烟斗，那可就糟了。不过感谢上帝，他走路脚步很重，我可以从脚步中区分是他还是别人。

卡皮查在听卢瑟福和查德威克等人讲课的同时，在卢瑟福的建议下，于8月初就开始了对α粒子能量变化的研究。这属于卢瑟福本人很感兴趣的研究课题。以前人们通过对α粒子穿过磁场时的偏转来进行测量，但无法测量低能粒子。卡皮查的办法是，采用灵敏的博伊斯辐射微热计，通过测量α粒子穿越物质时产生的热效应来研究其能量损耗。这个方案以惊人的速度获得了成功结果。在实验室中，由于辐射微热计极其灵敏，甚至可以探测到大约2千米外一支蜡烛的火焰，对百万分之一度的升温就有反应，所以它要求使用者有超乎寻常的技能。而卡皮查巧妙地避免了任何会淹没实验结果的偏离效应。9个月后，他就完成了一篇论文，经卢瑟福审阅，很快就发表在《皇家学会会刊》上。此时，卡皮查可以说真正地成了卢瑟福学派中的一员。这篇论文的开头标明为第一部分。然而，再没有什么第二部分问世。因为卡皮查的大脑已完全为另一个新想法所占据。这就是，通过测量α粒子在磁场中轨迹曲率的变化，来研究α粒子速度沿轨道各点的变化。问题在于，α粒子质量较大，现有的磁场不足以使其轨道充分弯曲。在用螺线管产生强磁场时，由于电磁产生的热效应，当电流超过一定强度，就会将螺线管烧毁，即使采用冷却的方法，技术上也有无法克服的困难。卡皮查对解决这一困难的新奇想法是，在百分之几秒的时间内给螺线管通很大的电流，产生强脉冲磁场，由于通电时间短，电流所生的热就不会破坏线圈。卢瑟福当即对此想法产生了兴趣，并认为它会成功。于是，卡皮查用一个低容量的蓄电池作为电源，通过让其和一个螺线管短路来获得强脉冲磁场。在花去了卢瑟福150镑的经费后，到1922年11月，他就已取得了满意的成果。一张有三条曲线的照片摆在面前，这三条曲线就是α粒子在磁场中的轨迹。卢瑟福对这三条曲线异常欣喜，实验室的许多人也前来参观照片，并赞不绝口。由于这项出色工作，卡皮查在剑桥大学的地位得到巩固。1923年1月，他被正式认可为攻读博士的研究生，时间从1921年10月算起，考虑到他在俄国的工作，又减免了一年的学习期限。这样，在1923年6月14日，卡皮查以题为《α粒子在物质中的穿越和产生磁场的方法》的论文获得博士学位。不过，这也是他最后一项在卢瑟福个人专长的原子核物理学领域中的研究工作了。他在写给母亲的信中讲：

> 遇到卢瑟福时，我问道："卢瑟福教授，你不认为我看上去更聪明些了吗？"这一有些不同寻常的问话引起了卢瑟福的兴趣："为什么你应该看上去更聪明些呢？"我回答道："我刚刚变成了博士。"卢瑟福立即向我祝贺，并说："是的，你的确显得更聪明了，加上你又理了发。"随即大笑起来。

在卡文迪许实验室的人员中，敢于对他们的领导卢瑟福如此放肆的也许只有卡皮查一个人。但卢瑟福非但毫不介意，反而接着又推荐他，使他获得了为期3年的麦克斯韦奖学金，尽管他已取得了博士学位。

接下来，卡皮查又对他的装置作了进一步的改进，用一台特殊设计的发电机代替了蓄电池。用此装置，可以在 2 平方厘米的体积中获得高达 32 万奥斯特的脉冲强磁场，这个磁场强度远远高于普通磁体所能达到的场强。后来，回到莫斯科后，他又用这台设备将纪录提高到 50 万奥斯特，这是后话。虽然脉冲磁场只持续大约百分之一秒，但这段时间对于研究 α 粒子已是绰绰有余。卡皮查自己喜欢讲两个与此有关的小笑话。一个笑话是说，如果知道怎样利用，百分之一秒就是很长的时间。另一个笑话是说，他（卡皮查）是科学界被付给最高薪水的人，因为他一年总共只工作了几秒钟。

致力于产生强磁场装置的工作，标志着卡皮查科学生涯中的一个重要转折点。同时也是剑桥大学的物理学研究从设备简单的实验走向利用大型、复杂的现代设备的一个重要转折点。卡皮查随后将他的研究方向转向了固体物理。利用这套装置，他测量了各种金属在磁场中电阻的变化。他发现，金属的电阻率随磁场的增大是线性增加的。这一现象被称为"卡皮查线性定律"，直到 20 世纪 60 年代，随着金属理论的发展，才对此现象有了较好的理论解释。

从一般科研工作的常规模式说，若在一个地方取得了突破，则应乘胜追击，继续在此扩大战果。比如卡皮查就应该充分利用他改造的强磁场装置，不断替换材料把实验无限地做下去，从而不断出成果。但卡皮查却不是这样的人，他后来在给卢瑟福的一封信中，评价苏联物理学家瓦维洛夫时，就曾这样批评说他一生就靠一套装置，只变换实验材料和实验条件，就满足于自己是在做科学工作。卡皮查则不然，他没有将自己局限在过去的成果中，而是不断探索新的领域。在 20 世纪 30 年代初,他已把注意力转向了另一个新兴的极端领域——低温技术。

他的目标是进一步研究金属在低温下的性质,为此就要另起炉灶研制制取低温的设备。第一步是建造氢液化器。为了克服在不纯的氢气中冷却时杂质会堵塞管道的困难,他聪明地采取了这样一种措施:只在一封闭的循环系统中使用少量极纯的氢气,用它来冷却大量的商品氢,并让杂质沉淀到热交换器底部,以避免堵塞。这台氢液化器只要 20 分钟就可以启动。

接下来是建造氦液化器。当时,在世界上别处不多几家能液化氦的实验室中,在液化氦的过程中都是采用液氢进行预冷。但氢气易于爆炸,很不安全,而且用这种方法液化氦的程序复杂,很费时间。人们虽然早就知道,可以利用焦耳－汤姆孙效应,采用绝热膨胀的办法直接液化氦,但因为在很低的温度下,所有的润滑剂都将凝固,活塞的润滑问题一直无法解决。面对这一难题,卡皮查又一次别出心裁地从没有办法的地方想出了办法:既然润滑剂不行,干脆就不用润滑剂!他只是简单地让活塞周围留下百分之几毫米的缝隙,当压缩活塞时,从缝隙中逸出的氦气自身便起了润滑作用。在卡皮查的努力下,1934 年,第一台依据这种想法设计制造的氦液化器终于在剑桥大学诞生了。这台液化器一直使用了 10 多年。后来,人们称这种类型的液化器为卡皮查液化器。它为美国人柯林斯在 1947 年设计的商用氦液化器奠定了重要基础。从此,膨胀机在氦液化器中的应用得以开始。

多年后,卡皮查在一篇纪念爱因斯坦的文章中说,对于爱因斯坦,他最为赞赏的是有关光电效应的工作,因为它给出了在射出的电子的能量与普朗克常数之间极其简单的关系。卡皮查也喜欢乌克兰哲学家斯考沃罗达的一句名言:

> 我们必须感谢上帝,因为他以这样的方式创造世界,使每一件简单的事物都是真的,而每一件复杂的事物都是假的。

在卡皮查自己的工作中,不论是在工程工艺方面,还是在纯科学方面,也同样体现了这种对简单性的追求。当然,在他每一项简单而又有独创性的想法中,都闪耀着智慧的火花。

由于在科研方面硕果累累,卡皮查在剑桥大学的地位也越来越高。1924年,他成为卡文迪许实验室的磁学研究助理主任,1925年成为剑桥大学三一学院的研究员。1929年,卡皮查当选为英国皇家学会的会员,这在当时对一个外国人来说,是很少能获得的殊荣。1930年,卢瑟福说服皇家学会,从蒙德的遗赠中拿到了15000英镑,专门为卡皮查建造了一所从事高磁场和低温研究的实验室,取名为蒙德实验室,由卡皮查担任实验室主任。实际上,早在1922年,卢瑟福就对卡皮查讲过:

> 如果我有可能为你建立一个专门的实验室,让你可以和你自己的学生在里面工作的话,我将非常高兴。

当蒙德实验室在 1932 年正式落成时，人们看到，门口的墙上有一幅鳄鱼的浮雕，实验室里面又有一幅卢瑟福的浮雕。这是卡皮查在以他独特的方式向卢瑟福表达敬意。其实，卡皮查早就在他给母亲的信中把卢瑟福称为"鳄鱼"了，至于为什么起这样一个绰号，有过种种不同的说法，其中最有道理的也许还是卡皮查自己的解释：

在苏联，鳄鱼是一家之父的象征，令人赞赏和敬畏，因为它有直挺挺的脖子，无法回头。它只是张着嘴，一往无前——就像科学，就像卢瑟福一样。

在剑桥大学，卡皮查经常在一些讲座中介绍自己的研究工作。这些讲座也是独具特色的。例如，他在黑板上写的内容往往与口中讲的不一样。有一次，休恩伯格在课后请他澄清一下自己听课笔记中的矛盾之处，卡皮查却说：

如果我把一切都讲清楚，没有任何矛盾，那就没有留给你去思考的东西了。

在一次半通俗性的演讲中，他曾这样讲：

我将试图这样来表述，让 95% 的人听懂 5% 的内容，让 5% 的人听懂 95% 的内容！

卡皮查还把俄国的传统带到了剑桥，成功地组织了一个讨论班，人称"卡皮查俱乐部"。卡皮查自然是永久的主席。他对自己在剑桥留下的这个印迹十分自豪。讨论班从1922年10月17日开始第一次会议，参加者缺席两次便被除名，而且只有在参加者自己作了报告之后，才能成为永久成员。"卡皮查俱乐部"对推动剑桥大学物理学的发展起了不小的作用。像玻尔、埃伦费斯特、弗兰克、海森伯、朗之万等杰出的物理学家都在此讨论班上作过报告，至于更年轻的一代人，像朗道、查德威克、考克罗夫特等人，更是讨论班中作报告的主角。有时，讨论的内容也会超出物理学之外。1934年8月21日，举行了卡皮查在任的最后一次会议——第377次会议！随着卡皮查的离去，讨论班由考克罗夫特继续负责主持，又坚持了许多年。

也是在剑桥期间，卡皮查可以经常去法国、德国、比利时与荷兰等国参加各种物理学会议，其中包括两次出席在布鲁塞尔召开的索尔维会议。1927年4月，他在巴黎结识了克里洛夫（前面提到的与约飞一同帮助卡皮查出国的那位院士）的女儿安娜·阿列克谢耶芙娜，两人当即坠入情网，很快就回剑桥大学结了婚。1929年，第一个儿子谢尔盖出生了，他后来成了一个出色的物理学家和苏联电视台通俗科学节目的主持人。1931年，小儿子安德烈出生，他后来成为一名地理学家，曾数次参加南极考察工作，并当选为苏联科学院通讯院士，他是这个家族中的第四代院士。这是一个幸福的家庭，尤其是安娜，一位友人曾评价说：

有些女人生来是妻子，有些女人生来是母亲，而安娜既是母亲，更是妻子。

这一切似乎还不够，卡皮查追求的还要更多。1931年卢瑟福被封以贵族爵位，这件事给卡皮查留下了很深的印象。他甚至曾向一位朋友询问："一个外国人可以成为上议院的议员吗？"

卡皮查正值春风得意之时，他多么希望这种一帆风顺的生活永远继续下去！但就在这时，命运突然和他开了一个不小的玩笑。

三、回国风波

当卡皮查初到剑桥大学时，他只打算待过冬季，然而，一转眼，13年过去了。不过他始终保留着苏联国籍。就在1929年他当选为英国皇家学会会员时，苏联也把他选为苏联科学院通讯院士。从1926年起，卡皮查几乎每年夏天都要回国一次，看望母亲，讲学，以及在高加索山或克里木半岛度假。他成了一位具有特殊身份的苏联公民，可以自由地来往于英国和苏联之间。从1926年到1931年，几次邀请分别来自托洛斯基、加米涅夫和布哈林。1929年，加米涅夫曾请他担任正在哈尔科夫建造的乌克兰物理技术研究所的顾问，卡皮查虽对此建议有兴趣，但他对加米涅夫讲，苏联的条件不适合他工作，他在国外工作会对苏联更有贡献，他可以在夏季回国访问期间对研究所的工作提出建议。于是，在苏联政府的认可之下，卡皮查继续保持了他的特殊身份。

1934年8月，卡皮查像往常一样偕夫人回国，先是在列宁格勒参加了门捷列夫大会，又在哈尔科夫讲学。10月初，当他与安娜要返回剑桥大学时，却被苏联政府告知说，以往的特许不再有效，卡皮查必须留在苏联。几天后，安娜得到允许，一个人回到英国去照看孩子们，并将这一消息带到了英国。

关于卡皮查被强行留下的原因，人们众说纷纭。卢瑟福认为是由于卡皮查曾向朋友夸下海口，说他能改变这个时代电子工业的整个面貌，而苏联人对纯科学与应用技术的关系并不十分了解，想留下他为发展苏联的工业而工作。休恩伯格提出了另外两个可能原因，一是苏联理论物理学家伽莫夫出访西方时没有回国，因此苏联针对这个情况采取了预防措施；另一原因是苏联的第二个五年计划要迅速发展科学，需要有大量出色的科学家在国内参加工作。美国科学史家贝达什还谈到，更可信的是因为苏联人怀疑卡皮查在为英国政府进行军事研究，从而宁愿他回国工作。而且，有文献证据表明（尽管不是广为人知），他的确曾从事过这种工作。

卡皮查被扣的消息传来后，在英国这一方，卢瑟福马上开始频繁而多方地活动，试图帮助卡皮查重返剑桥大学。为了保全苏联政府的面子和不引起政治纠纷，一开始活动是在私下进行的。卢瑟福曾写信给苏联大使麦斯基，希望苏联政府能改变这一决定，但麦斯基回绝了他。卢瑟福也曾写信给英国首相鲍德温、写信给他从前的学生玻尔，法国物理学家朗之万等许多人也介入了。他们甚至试图发起一次联名请愿。但是在科学的国际主义与苏联本国利益的这场冲突中，这些方法都未能奏效。

卡皮查留在苏联，相当长一段时间无事可做，情绪极度沮丧，他在给妻子的许多信中，不止一次地讲"我一生从未像现在这样孤独"，"有时我觉得我要发疯了"。他甚至产生了放弃物理，想和巴甫洛夫从事生理学研究的念头。1934年12月28日，苏联官方颁布了建立物理问题研究所的政令，并任命卡皮查为所长。当卡皮查从报纸上读到对自己的任命时，却只感到震惊。正如他在给安娜的信中所讲的：

对任何事情，最好是让做他的人认为他是在按自己的意愿去做，而不是按照命令去做，甚至自我欺骗地这样认为。只有士兵才需要命令。

在苏联有这样一则传说，卡皮查问莫洛托夫："你难道不知道鸟在笼子里不会唱歌？"

莫洛托夫则回答道："这只鸟会唱的。"

卡皮查强调没有剑桥大学的设备他无法工作，卢瑟福那方也意识到让卡皮查回剑桥大学已经无望，于是改变了帮助他的方式。经谈判，苏联政府最后同意以3万英镑向英国购买卡皮查在剑桥大学蒙德实验室的设备。在卢瑟福和考克罗夫特的大力帮助下，设备运抵苏联。卡皮查也只能接受现实。他在1935年10月给卢瑟福的信中感叹：

我们毕竟只不过是在河流中漂浮的物质微粒。我们称此河流为命运。我们可以控制的一切只不过是稍许偏转一下轨迹和保持不沉没。河流支配着我们。

新物理问题研究所的基建工程于1935年初开始，虽然进展缓慢，但到1936年底，一切终于安顿下来。卡皮查虽仍有不满，但毕竟可以继续他的科学工作了。

四、低温研究

在新的物理技术研究所中，卡皮查很快又完成了一系列出色的工作。最初，他仍用从蒙德实验室买来的强磁场装置作了一些研究，如对曼塞效应的研究等，但他很快就把主要的精力投入到低温的研究中去，其中最突出的是他对液氦性质的研究。

自从1908年荷兰物理学家昂纳斯首次成功地液化了氦气后，液氦的种种奇特性质吸引了许许多多物理学家，不断有新的发现。例如，液氦在2.19K（λ点）处发生了相变等。1936年，荷兰物理学家开索姆等人又发现，在λ点之下，液氦有极高的导热性。这一发现引起了卡皮查的注意。但他却认为，这种热传递也许是由于液氦极低的黏滞性所导致的对流所造成的。为了证实自己的观点，卡皮查在1937年设计了一个简单的实验。他使用两块很光滑的玻璃片，其间留有极窄的缝隙，以观察液氦在缝隙中的流动。实验的结果表明，在λ点以下的液氦Ⅱ的黏滞性至多是在λ点以上的液氦Ⅰ的 $\dfrac{1}{1500}$ 倍。为此，他类比金属的超导电性，把在λ点之下处于特殊状态的液氦称为"超流体"。这就是液氦超流动性的发现。事实上，这个巧妙的实验构思正好可以用他后来的一段话作为注脚：

> 我根据长期从事实验工作获得的经验了解到，正确估计初学者能力的最好方法同估价一个成熟科学家的能力一样，都可根据他发现一个解决问题的简单方法的天然倾向和能力来做出。

与此同时，在剑桥大学蒙德实验室工作的英国物理学家艾伦和米森纳也用毛细管的方法独立得出了相同的实验结果。最后，这两篇重要论文一起发表在1938年的同一期《自然》杂志上。

在液氦的超流动性发现后，各国物理学家在对液氦Ⅱ的认识和了解方面纷纷取得进一步进展。在这些进展中，很重要的就是由卡皮查随后进行的一系列实验，表明在液氦Ⅱ中热量的流动伴随着液体的机械流动。在此基础上，苏联理论物理学家朗道提出了他关于液氦的二流体理论，并预言了在液氦中"第二声"（一种温度波）的存在。为此朗道获得了1962年的诺贝尔物理学奖。

此外，卡皮查1941年还在实验中发现，当热流从固体流向液氦Ⅱ时，在界面处存在有温度的不连续，这种现象被称为"卡皮查界面效应"或"卡皮查热阻"。它成了人们在以后低温研究中多年关注的课题。顺便提一下，卡皮查为了培养人才，每年要从莫斯科大学挑一个优秀的毕业生来物理问题研究所从事研究并完成毕业论文，我国低温物理学家管惟炎1956年曾被卡皮查挑中在物理问题研究所工作，对这一课题进行了深入的研究，并发现了"反向卡皮查热阻"。

除纯科学研究之外，卡皮查在低温领域的另一类工作更侧重工程技术，主要是发展了新的、可以用于工业的大规模廉价简易液化空气的方法。1939年他设计并建成了第一台液化空气用的膨胀透平机，用这种机器可以生产大量的商用氧气，这给低温技术带来了重大的变革。

1941年，纳粹入侵苏联，迫使物理问题研究所迁至喀山。在这期间，卡皮查的工作也有了相应的变化。当时，在苏联部长会议的领导下成立了一个负责液氧生产的机构，叫氧委员会，卡皮查成为这一机构的负责人。这是他第一次兼任政府部门的工作。他在战争期间研制出世界上功率最大的生产液氧用的透平机，为苏联的工业提供了急需的大量氧气。直到1943年物理问题研究所迁回莫斯科时，他还在负责一所生产氧气的工厂。为这些工作他还获得了许多专利。

由于卡皮查的出色成果，他在1939年成为苏联科学院正式院士。1941年和1943年，他两次获得斯大林奖。为了表彰他在制氧方面的成果，1945年卡皮查又获得了列宁勋章、"斧头镰刀"金质奖章和社会主义劳动英雄称号（卡皮查于1964年、1971年、1974年又三次获得列宁勋章，1974年再获社会主义劳动英雄称号和"斧头镰刀"金质奖章，并多次获得苏联和国外的多种荣誉和奖励）。特别是1944年，由于在磁学和低温领域中的贡献，卡皮查获得了美国费城富兰克林学院授予的富兰克林奖章。卡皮查是第一个获得此

项荣誉的苏联科学家。在授奖仪式上,卡皮查讲道:

  在我荣幸地接受的这枚奖章上,铸有本杰明·富兰克林的形象,他是自由与民主的伟大斗士,是他那个国家的公仆。从他生活和工作的时代至今,已过去大约200年了。这些年中,我们的生活方式、国家体制、科学和我们的关系都发生了巨大的变化。但是,对于我们来说,富兰克林为之服务的伟大人道主义理想依然不可动摇。对我们来说,他依然是坚持民主和自由伟大理想的榜样……因此,我把这枚镌有伟大的科学家和民主战士的奖章看成是苏美两国科学家在战时和即将到来的和平时期进一步努力合作的象征。

五、正直无畏

  有这样两件卡皮查在剑桥的逸事。一件是,当卡皮查刚到卡文迪许实验室时,卢瑟福曾向他宣布了一条"禁令":在任何情况下都不允许他在实验室里进行共产主义宣传。后来当卡皮查的第一项研究成果发表时,他在送给卢瑟福的一份抽印本上题词说,此文可证明他到该实验室是来搞科学研究而不是进行共产主义宣传的。卢瑟福见到后大怒,咒骂着将抽印本退给卡皮查。卡皮查早已料到会这样,马上把另一份早准备好的、已写上很得体题词的抽印本送上。卢瑟福显然很赏识这种先见之明,于是争吵就平息了。另一件逸事是,当蒙德实验室落成时,英国首相鲍德温前来祝贺。卡皮查

向他介绍实验室的各种设施,以及为预防爆炸事故而特别设计的屋顶。鲍德温向卡皮查问道:"是这样吗?"卡皮查回答道:

> 噢,是的,你可以相信我。因为我不是政治家。

然而,卡皮查并非消极地回避一切与政治有关的事。在他一生中,多次在重大关头表现出他的正直与无畏。例如,1938年,在苏联的大清洗中,物理学家朗道莫须有地被指控为"德国间谍"而遭到逮捕,卡皮查在几次努力拯救无效后,直接上书斯大林和莫洛托夫,说没有朗道他的工作就无法继续下去,要么无罪释放朗道,要么他自己就辞职离开研究所。1940年春,朗道在关押了近一年后终于被无罪释放,在这当中卡皮查的作用是关键性的。多年后,在卡皮查70寿辰时,朗道曾这样讲:

> ……今天看来,这样的控告似乎十分可笑,但那时这可不是笑话。我在狱中度过了一年,但显然无法再支持半年——我简直要死了。……用不着渲染什么,在那些年月,卡皮查的举动需要大勇、大德和水晶般纯洁的人格。

像这样的事例并不是唯一的。他曾公开站出来反对排犹主义;曾为"持不同政见"的遗传学家麦德维杰夫辩护;当李森科在苏联科学界占统治地位,排斥摩尔根遗传学,对持不同观点的科学家横加迫害时,他曾在物理问题研究所的讨论班上公开抨击李森科的观点。在 1973 年，当萨哈罗夫因在苏联捍卫人权而受官方迫害时，5 位出席帕格沃什会议的苏联科学院院士里有 4 位联名签署了一份谴责萨哈罗夫的宣言，唯独卡皮查没有签名。他强烈反对要把萨哈罗夫驱逐出苏联科学院的做法，并提醒说，除了纳粹曾把爱因斯坦赶出普鲁士科学院之外，再没有人这样做过。卡皮查还曾对那些不懂装懂的哲学家在自然科学领域里的工作提出尖锐的批评，认为：

> 哲学家本来是应预见到自然科学的发展，而不是死守住已经过去的阶段……在自然科学领域中运用辩证法要有对实验事实及其理论概括得十分深刻的知识。没有这个，辩证法本身不能给出问题的答案。

为此，他受到苏联哲学界一些人的指责。然而，在所有这些言行中，对卡皮查自身影响最大的还是他拒绝在贝利亚的领导下为苏联研制原子弹而工作。据说，他曾写信给斯大林，说贝利亚"就像一个手拿指挥棒但却没有乐谱的乐队指挥"。对此，赫鲁晓夫曾在他的回忆录《最后的遗言》中这样写道：

> 我们要卡皮查真正去做资产阶级报纸说他曾做过的事：我们要他为我们的核弹计划工作。……问题在于，他拒绝接触任何军事科研工作。他甚至要说服我，说他出于某种道德信念，不能从事军事科研工作。

也许正是由于这一点，1946年夏天，卡皮查被解除了物理问题研究所所长的职务，而当时官方的说法却是因为他"对苏联和国外制氧技术傲慢的态度"和"未能按计划日期使冶金工业采用新的装置"（尽管这与他因对制氧技术的贡献而获得的种种荣誉相矛盾）。在此情况下，卡皮查不得不离开研究所，到他在尼科利纳山间的"别墅"隐居起来。在山中的隐居生活中，卡皮查仍然没有停止科研工作。他在此期间一方面进行了一些纯理论性的研究，例如"论风对海浪形成之作用的问题""悬挂点振动的摆的动态稳定性""贝塞尔函数根负偶次幂的和的估计值"等，这些工作显示出他在理论方面的素养，既抓住了问题的本质，又机智地简化了数学的分析。另一方面，他开始在小木屋中装备自己的实验室，自己动手去做一些必要的实验装置。他对球形闪电提出了自己独特的见解，并付诸实践。在此方面，卡皮查开始了在另一个新方向——大功率电子学——上的研究。特别是他设计并制成了一种线性的磁控管——尼科管，这是以尼科利纳山来命名的。它可以产生和聚集几千瓦分米波段的电磁辐射，在几秒钟内就可以产生让石英熔化的温度。随后，卡皮查将尼科管用于研究热核过程，开始了在等离子体方面的实验。简陋的条件并没能完全将卡皮查束缚，相反，却在另一个极端的领域中激发了他的灵感。

六、晚年活动

直到1954年，卡皮查的隐居生活才告结束。他把亲手建成的家庭实验室移交给了物理问题研究所。1955年，卡皮查被重新任命为物理问题研究所所长。此后,在科学工作上,卡皮查主要从事等离子体方面的研究,这是从他被贬职时开始出现的转向。他相信这方面的研究也许会为未来能源问题的解决找到出路。1969年发表的消息表明,他已观察到在束状高频高压放电中形成的高温等离子体。进一步地,卡皮查继续努力在更大的规模上进行等离子体实验。

在晚年,卡皮查发表的科学论文逐渐少了下来,但他在另外一些领域中却更加活跃。从1965年起,卡皮查终于又获得了出国的许可。他先后到了丹麦、英国、南斯拉夫、波兰、荷兰、印度、加拿大、美国、瑞士和意大利等国,有时是接受各种荣誉称号和奖章,有时是进行访问、讲学和出席学术会议。与此同时,他不断地撰写文章,进行演讲,讨论科学组织工作、杰出科学家在科学中的作用、科学思想及教育等诸方面问题,但是,卡皮查尤其关注的是全球性问题。他明确地指出:

在我们这个世纪,对许多问题的解决已超出了任何单一国家的能力范围,而只有靠全球规模的努力才能达到。在原子弹和核战争的威胁面前,人们才首次觉醒,认识到人与自然之间的关系所具有的全球性特征。人们已普遍接受的看法是,在世界上任何一处爆发这种战争,都会在几个小时内污染整个地球,并把人类推向末日。着眼于这种威胁,人类必须放弃使用核武器。

卡皮查认为,全球性问题的三个主要方面有:(1)技术与经济方面，涉及自然资源的枯竭；（2）生态方面，指人类和人类赖以生存的自然之间的平衡问题；（3）社会经济方面。卡皮查认为与这些问题相关过程的动力学可以用指数函数来描述——其进程最终会导致爆发式的突变。因此，他认为：

在国际范围内解决全球性问题的需要将促进人类努力走向和平共存和裁军。……人们将感到自己是近邻，面对着全球性危机这个迫在眉睫的共同敌人，这种危机将使人们齐心协力去共同奋斗。

如此等等，卡皮查在纯科学之外的许多论述引起了人们相当的注意。1980年，著名的美国波士顿科学哲学研究丛书专为卡皮查出版了一本文集——《实验、理论、实践》。这也是首位苏联科学家在此套丛书中系统地阐述自己的观点。后来，在为反映建立25年来波士顿科学哲学讨论会情况而出版的《二十五年的素描》一书中，共收有19篇论文，其中就包括卡皮查的《复杂的科学问题》一文。

1984年，当人们正准备为卡皮查庆祝90大寿之际，在3月底，卡皮查因患严重的中风住进了医院，4月8日就溘然与世长辞。此时，距他90岁的生日只差3个月时间。在走过如此奇特的生命旅程，为科学的发展做出如此众多的重要贡献后，卡皮查也可以说是死而无憾了。他的名字将在科学的史册中永存。

（作者：刘　兵）

拉比

平民、科学家和政治活动家

伊西多·艾萨克·拉比

(Isidor Isaac Rabi, 1898—1988)

在一般的物理学史上,伊西多·艾萨克·拉比仅因 1939 年发明分子束核磁共振方法精确测量原子和原子核磁矩并荣获 1944 年度诺贝尔物理学奖而留下一笔。其实,拉比一生经历复杂,科学贡献巨大,最为重要的,他甚至可以说是美国物理学从 20 世纪 30 年代到 60 年代发展史以及美国科学与政治相互关系史的一个缩影。

了解拉比,我们不仅了解了一个平民、一个物理学家,而且从某种意义上也可以一瞥美国物理学的演变以及美国科学家卷入战争、政治的种种行为表现。

一、童年:艰辛生活、宗教影响与科学启蒙

1898 年 7 月 29 日,拉比出生于旧奥匈帝国最东北部伽利西亚一个叫莱曼诺夫的小镇(现今位于波兰境内靠近捷克边境)。他父亲戴维·拉比是一位贫穷的犹太人,不仅未受教育也没有特别的职业技能。小拉比出生后不久,为了谋生,戴维就和同伴远涉重洋到了美国纽约。不久,拉比的母亲带着不满周岁的他也踏上了美国之路。

在纽约,拉比一家开始住在纽约曼哈顿区最东南的犹太移民聚居区,那里又脏又乱,酒吧与教堂毗邻,妓女、酒徒和教徒为伍。由于语言和技能较差,拉比的父亲做过各种杂工:守夜人、煤窑

工、"冰棒人"、工厂苦工……拉比的童年就是在这样的家庭和环境中度过的。

对拉比产生较大影响的，还有犹太教。拉比父母是虔诚的信徒。在犹太教中，上帝被认为是无时不与他们同在的。上帝创世的故事，以及犹太文化背景下的许多恐怖故事中的角色——幽灵、鬼怪、恶魔和吸血蝙蝠，都给幼小的拉比留下了不可磨灭的印象，以至于后来他成为科学家时，虽然他不再是遵守犹太教规的教堂信徒，但却仍然把对物理学的研究看作接近上帝的方式。

在拉比家附近的街区，白天到处都是野孩子。开始他常遭欺负。后来，小拉比通过给他们讲各种鬼怪故事和《圣经》故事而成了他们的"福神"。这种从小以天赋加锻炼而养成的能实际影响或操纵他人的能力，拉比保持了一生。

拉比的原名叫"Israel Isaac Rabi"，但在入学登记时，拉比母亲英语不好，她把"Israel"发音为"Izzy"，而在英语中，Izzy是Isidor的缩写读音，于是在登记册上，小拉比从此就成了"Isidor Isaac Rabi"。

拉比的科学启蒙并不是来自学校。3岁那年，父母把他送入一所犹太启蒙学校。那是一个"有些邪臭气味的地下室"，教师不负责任地用意第绪语（犹太国际语）教穷孩子们读《圣经》，拉比在那里只学会了读和认意第绪语。后来，拉比一家搬到纽约布鲁克林的布朗斯维尔，父亲开了一家杂货店，日子稍好了点，拉比进了公立学校。但是，学校仍然很差，师资和设备都十分匮乏，拉比去学校根本打不起精神来。有一天一个同学带来一本有趣的书传阅，于是他第一次知道了除学校外还有图书馆可以向人们传授各种知识，而那里还可以由自己去自由选择，就像选择菜单一样，而不必被人填鸭式地硬灌倒胃口的东西。那年拉比10岁。他在布鲁克林公共图书馆分馆卡内基图书馆里饥不择食地从字母"A"开始的书架读起，开始读了许多儿童读物。后来他又发现了一个"A"的科普书架。他抽出了一本关于天文学的书，数十年后拉比回忆起来感慨地说：

> 这比任何其他别的什么都决定了我后来的生活——读了一本关于天文学的书。

有趣的是，吸引小拉比的，不是通常10岁孩子喜欢的事物，像恒星、各种星座故事、木星光斑、土星光环或月亮的环形火山口，而是哥白尼体系。这首先使他对《圣经》创世故事产生了疑惑。那个夜晚，他进家告诉父母的第一句话就是"它是如此简单，谁还需要上帝"。他的双亲被吓呆了，这对他们来说真是对上帝的大不敬，他们害怕灾难会降临到他们的儿子和这个家头上。生活环境的重压使小拉比从不轻信什么，在科学与宗教发生矛盾的问题上，小拉比一样留神观察并试验了数月之久。第一次，他有意违反犹太戒律在安息日乘坐了有轨电车，但并没有什么上帝惩罚降落在他头上。另一次，他故意违反教规，在布道者祝福会众时睁开一只眼睛去看了看——按教规说法看了会眼瞎，聪明的小拉比只睁了一只眼。

通过图书馆，小拉比如饥似渴地读了大量科普书籍，其中许多都出自名家之手。读了电磁方面的书后，他还在家中建造了一个小小实验室，从事简单的实验。毫无疑问，小拉比已决定献身于科学。

二、误入"歧途"：从化学到物理学

在选择高中和以后选择大学时，拉比并没有从他适合什么加以考虑，而只想摆脱那种贫穷、无知和迷信的环境。他虽然立志投身于科学，但却不知投身于哪一学科。他后来说：

> 我知道我想成为一名科学家，但没人指点迷津，我不知道怎样达到目的，……我的兴趣在物质结构上。

那时，原子物理学或关于物质结构的物理学还没有成为物理科学中最重要的部分，1915年的物理教科书只有很少或根本没有关于原子结构的内容。

1916年，拉比以插班生身份进入康奈尔大学电工系。在电气工程类课程之外，拉比受同宿舍同学影响研修了一门实验化学课程。在该课程中，老师给了学生一点儿未知化学成分的物质样品，让他们通过实验确定其中的化学元素。这种探索性给了热爱科学的拉比一种似乎成为真正科学家的感受：

> 我认为这很好——像是研究。我做得非常好，特别是各种非常规分析方法。对于科学，化学是一个非常好的向导。它是可触知的，你能亲眼看到事物的发生。

于是，拉比把主修方向从电工方面改变到了化学方面。1919年他取得了化学学士学位。

毕业后返回家乡的拉比，在纽约勒德尔实验室找到一份从事分析各种物质（如人奶）和家具磨光材料的工资很低的差事。但他只干了几个月就辞了职，他发现自己不善于从事也讨厌从事琐碎小事的毫无创造性的工作。他后来又做过一段银行簿记员的工作，但都很快辞职不干了。从1919年到1922年近3年时间里，在朋友和家庭的帮助下，无职业的拉比大部分时间是在纽约公共图书馆里和与朋友们讨论科学中度过的。在此期间，拉比父母既没有表示出他们有什么不满，也没有逼迫他去找工作。他们知道自己的儿子才智过人，有独立见解。在1922年，他的几个好朋友陆续离开布鲁克林，拉比也申请到一笔奖学金又回到康奈尔大学做攻读化学学科的研究生去了。

在1922年，拉比所感兴趣的原子结构已经是物理学最活跃的前沿，不过它还没有出现在教科书上。更进一步，那些一流的物理学家都在欧洲。而美国，引人注目的是爱迪生，是实用的电灯、电话。美国物理学的实用特征和落后状态呈现给拉比的，实际是一幅错误图景。结果他误入"歧途"。在重返康奈尔大学后不久，他发现了这点：

……我很快发现我所喜爱的那部分化学原来叫物理学。如果有人早点告诉我，那就不知道要挽救我多少年。

由于失掉了不少时间，拉比很快制订了一个以分钟计算的学习计划，他按这个计划做了 6 个月，去补充物理学的有关知识。通过这一段艰苦努力，拉比找到了感觉。物理学是如此简洁，它的极少数概念经过正当有效的扩展就能覆盖从极小原子到庞大银河的整个自然界。他欣喜若狂，他在物理学中看到了概念群的美丽和魅力所在，这种令人心醉神迷的感觉，过去在学习化学中从未出现过。

拉比原想继续留在康奈尔大学学习物理学，但他未能申请到物理学奖学金，那年（1923 年）又遇到了后来成为他妻子的美丽姑娘海伦·纽玛克，而海伦要去纽约亨特学校上学，于是他决定到纽约的哥伦比亚大学学习物理学。1923 年底，已经 25 岁的拉比终于满足了自己的愿望。

哥伦比亚大学对学生要求比康奈尔大学更严格。拉比在康奈尔大学养成的"懒散"在这里得到了部分的克服。但是拉比家境仍然不宽裕，他吃住在家，而且课余和假期还要为家里和自己赚些钱，这样下来，第一学期所修的四门课程他只通过了两门。1924 年春，经人介绍，他在纽约市立学院谋到一份物理兼职辅导教师的工作，年薪 800 美元。在当时，这对拉比来说真是一笔不小的收入。拉比的经济状况大大改观，他终于可以摆脱杂事潜心攻读和研究他所喜爱的物理学了。

在做博士论文时，拉比开始显示出他的创造性才能。他的指导教师威利斯教授是一位磁学专家，他建议拉比设计一个测量钠蒸气在磁场中的反应即磁化率的实验以完成博士论文。这个题目其实并不太对拉比的胃口，因为这种实验若按照传统方法去做，既复杂又困难，而拉比又最不愿意从事这种烦琐的工作。当拉比正为此犯愁时，恰逢诺贝尔物理学奖得主布拉格来美国讲学，他从布拉格讲演中提到的测量晶体极化率的方法与结果中受到启发；另外，在图书馆查询资料时，他也从麦克斯韦的著作《电磁通论》中受到重要启发，从而想到了一种新的比较测量实验方法。该实验的核心是把被测晶体放置在某种可以提高或降低磁化率的溶液中，通过改变磁极位置并使液体磁化率与晶体磁化率相当，然后再比较水与该溶液的磁化率而精确测定晶体磁化率的方法。这个方法充满了智慧和技巧，拉比大约只花了6周时间就精确完成了实验。1927年，他获得了博士学位，论文发表在同年的《物理评论》第29卷上。在把这篇论文送交《物理评论》主编的第2天，他和海伦举行了婚礼。

三、学习主旋律

1921—1922年，德国物理学家斯特恩与他的同事盖拉赫为新物理学做出了一个重要贡献，那就是用实验验证了量子论关于空间量子化（索末菲提出）的观点，证明了它的正确性。

斯特恩-盖拉赫实验的结果及其论文译文在美国翻译出来并流传，已是1926年的事情，此时拉比还未毕业。他和他的同学看出了个中意义，于是开始研读新物理学一些创始人的论文，如德布罗意、泡利、戈德施米特、乌伦贝克、薛定谔等，并且还试图将薛定谔的量子力学思想扩展到分子体系上以解决某些问题。

1926年，拉比和同学克罗宁、比特和泽曼斯基等合作，完成了一篇将薛定谔方程运用于对称陀螺能级研究的论文（许多分子都具有对称陀螺性质，所以其结果可以应用于分子光谱能级研究），并把它送交《物理评论》主编，但是它被拒绝了，理由是太长。当拉比和克罗宁压缩了文章再次送去时，同样的论文已经发表在 1926 年底的德国物理学权威杂志《物理学杂志》，论文作者是两位德国物理学家。而拉比他们的论文虽然在 1927 年 2 月号的《物理评论》上发表了，但已失去了首创意义。鉴于此点，拉比发现，美国物理学还很落后，没有进入新物理学的意义。于是他决定去欧洲，拜一流物理学家为师，学习物理学的主旋律去。恰好此时哥伦比亚大学有几个赴欧留学的奖学金名额，拉比获得了巴纳德基金资助，1927 年 6 月，离开美国赴欧留学。

拉比先去了瑞士苏黎世，目的是找薛定谔。不巧的是，这位奥地利物理学家已去柏林就任理论物理所所长之职。于是拉比只好去了慕尼黑大学索末菲那里。索末菲接受了这个年轻的美国人。在索末菲那里工作的几个星期中，索末菲经常邀请他的学生们一起喝茶，讨论问题。拉比通过这种方式学会了从讨论中学习量子力学，获益匪浅。他说：

> 虽然我从未在那些伟大的教师名下学习过，但我比 95% 的德国学生都对此更为适宜。

尽管如此，他还是感到在索末菲这里缺乏他直接需要的东西，那时他正在利用新量子力学计算分子物质的磁化率。于是他辞别这位和蔼的老人前往新物理学的圣地——哥本哈根，拜访理论物理学的领袖人物玻尔。

1927年9月中旬，拉比到达玻尔研究所时，玻尔等人都已度假去了。他说服看门人给了他钥匙，在玻尔研究所又继续他关于氢分子磁化率的研究与计算。在这里，他似乎感到有一种神秘的创造气氛，因而产生了不少富有创造性的灵感。9月下旬，所里的研究人员陆续回来了，10月初玻尔本人也回来了，他对这个美国青年的出现异常惊讶，也许是对拉比擅入研究所不愉快，无论拉比怎么解释并谈起他正在进展的工作，玻尔还是礼貌地请拉比离开，但把他介绍到了汉堡大学泡利那里。

从哥本哈根来到汉堡大学，是拉比学术生涯的一个重要转折点，这不是因为泡利对拉比很好，也不是因为泡利的学术地位，而是因为拉比在泡利那里遇到了正在此地工作的斯特恩，后者对拉比的学术研究产生了决定性影响。

事情多少有点偶然和神秘色彩，他在斯特恩实验室遇到了两位博士后研究人员：来自苏格兰的弗拉瑟和来自美国伊利诺伊大学的约翰·泰勒。拉比德语不太好，作为斯特恩实验室的常客，跟讲德语的人交流多少存在一点困难。但弗拉瑟和泰勒都讲英语，交流起来毫无障碍，因此三人成了好朋友。虽然拉比在泡利手下做关于X射线散射的理论研究，但他实际上对弗拉瑟和泰勒参与的分子束实验更为关注。特别是由于这些物理学家不大喜欢理论，而拉比可以为他们的实验及其结果提供有帮助的理论背景，并解答某些问题。于是他成了斯特恩实验室的编外人员。

当时，斯特恩分子束实验采用的是非均匀磁场，这样必须精确掌握分子束传播路径上各点的磁场强度，这给实验精度带来不少麻烦。而这些问题弗拉瑟、泰勒甚至斯特恩都没有深入考虑过。拉比则开始琢磨，如果不考虑非均匀性，只用一个均匀磁场能否偏转原子束呢？作为类比，当一束原子进入一个非均匀磁场时，相当于一束光进入一个棱镜，然而光之所以被偏转，关键并不在于"非均匀"的棱镜，而在于它是从空气介质进入到了玻璃介质里。拉比由此想到，如果一束原子以某个掠射角穿过一个均匀磁场，它们的飞行方向应该也会被弯折，弯折的大小与原子的磁矩相关。这个1927年12月以来就进入到他脑海中的念头非常诱人，检验起来也并不复杂，因为均匀磁场强度较易精确测量，因而原子束偏转量所表征的原子磁矩大小，通过简单计算就能得出。他很快把这一想法告诉了斯特恩，斯特恩的反应既迅速又直截了当：

那你为什么不动手去做实验，而只让思想去工作？

拉比听后有点懊恼，觉得真不该向斯特恩多嘴。因为，第一，他来欧洲是学习理论物理的；第二，他对实验其实并没有十分深厚的功底与经验，他的博士论文实验只用了6周时间，而且通过理论考虑还走了个捷径，所以并未能从中获得太多技能；最后，他讨厌日常琐碎小事，当初之所以从化学转向物理学，除了寻求和谐的逻辑与统一性，就是为了躲开烦琐。现在，如果真动手做这个实验，毫无疑问，将要面对的是一个对他而言既麻烦而又需要精细操作的工作。此时，两个好朋友泰勒和弗拉瑟鼓励和支持了他，告诉他被斯特恩邀请去做实验是一种荣誉，帮助拉比增强了自信并意识到这一实验的意义。最终他开始动手为实验做具体准备与设计。

经过大半年的努力，到1928年底，拉比的原子束实验接近尾声。与斯特恩实验不同的是，拉比实验采用了均匀磁场，并将原子探测器即一个照相感光板放置于磁场之中，而不是与磁场互相分离。拉比让原子束以与磁场强度非正交的角度进入磁场，如果他的想法是正确的话，那么进入磁场的原子束因磁矩的不同将被分成两束，通过照相底板将能够记录下来这个结果。实验中，当拉比和泰勒确信进入磁场的原子束达到最佳曝光时间后，他们停止了操作，小心翼翼取出感光胶片，进入暗房冲洗。一会儿，一条扫描影像显现出来，接着另一条也显现出来，它们有清晰尖锐的边缘而且相当分离。这张照片证明了拉比偶然提出的想法是对的。拉比异常喜悦，他把照片印了许多张，送给同在汉堡大学留学的朋友比特、康登、泽曼斯基。斯特恩对此的反应既亲切又审慎。他对拉比说：

赶快先给《自然》杂志写个简报发表它……如果你先在德国发表，别人会以为那是我的东西，而它是你做出来的。

在这里，斯特恩表现了一个科学大家的高尚品格。拉比遵照斯特恩的意见，先写了一个简报寄给《自然》杂志发布，然后又写了一个详细完整的实验报告发表在德国的《物理学杂志》上。他的这项工作，无论在理论构思还是实验技能上，都表明拉比已经跻身于世界一流物理学家行列，也为他后来的发展奠定了坚实基础。

在欧洲和汉堡大学，拉比不仅在科学研究上学习到了新量子力学的理论知识并从事了最前沿的一流实验工作，而且在与新物理学的一流作曲家、演奏家们一起谱曲演奏量子力学交响乐的过程中也深深地领略了他们的不同风格：泡利的稳健、斯特恩的直觉，都给他以深刻印象。此外与这些处于学术巅峰之际的智者相比，拉比发现他自己并不差，正如哈里特·朱克曼引用一位诺贝尔奖得主的话所描述的一样：

……你仿佛是一个普通的网球选手正在跟一位冠军打网球。你会抽出一些过去从未梦想过的好球。

拉比此时已踌躇满志，做好了一切冲刺新纪录的准备。

四、科学贡献：从分子束核磁共振实验到"拉比树"

拉比本人在科学研究上最重要的贡献，就是他从 20 世纪 30 年代初开始的对核磁矩的研究与一系列精确测量实验。他所发展起来的分子束核磁共振方法也是其他核磁共振方法与技术的先导和基础。在这些研究过程中，他还培养出一大批卓有贡献的、对美国物理学发展具有深刻和广泛影响的物理学家。为此，1937 年他升任哥伦比亚大学正教授，1944 年荣获该年度诺贝尔物理学奖金。

关于核磁矩问题，1911 年卢瑟福核模型提出后，有人就曾推测原子核具有电磁矩。原子光谱的精细结构发现后，1924 年泡利正式提出原子核具有自旋角动量和磁矩。1926年,斯特恩指出可以利用分子束实验测量核磁矩,但由于实验难度较大,直到1933年,斯特恩、弗里什、爱斯特曼等才成功运用分子束实验测量了氢分子中质子和氘核的磁矩。结果表明,质子磁矩比狄拉克理论预言 $\left(\mu_N = \dfrac{he}{4\pi MC}\right)$ 大2.5倍左右(误差约为10%)。尽管实验精度不高,但结果意义重大,斯特恩为此荣获1943年度诺贝尔物理学奖金。

拉比在跟随斯特恩工作期间掌握了分子束实验方法,此外他对原子结构一直怀有浓厚的研究兴趣。因此,在海森伯的推荐下,拉比在1929年受聘于哥伦比亚大学后,一方面以理论物理学家的身份为物理系教师与研究生开设"量子力学""统计力学"课程,另一方面开始从事分子束实验研究。早在斯特恩1933年实验之前,拉比就以敏锐的直觉和鉴赏力认识到原子核磁矩的测量,对于了解核力性质以及建立正确的核模型是至关重要的。然而要从事实验研究,首先需要资金以建立实验室。这一点拉比较幸运,首先他深得当时哥伦比亚大学物理系主任佩格勒姆的信任,所以虽然当初他发表的论文并不多,但到1931年他已被晋升为副教授。其次,受20世纪30年代早期经济危机冲击,研究经费十分困难。就在这时,拉比的同事、著名化学家尤里(因发现氘而获1934年诺贝尔化学奖金)从卡内基基金会获得了一笔数目为7600美元的资助费用,他分给拉比一半。当别人问尤里为什么时,他告诉他们说:"那个人将要获得诺贝尔奖。"拉比后来又陆续得到自己学校和其他一些基金的资助。

在运用分子束实验测量各种核磁矩的研究中,拉比充分发挥了他既是一个理论家又是一个实验家的双重优势。1931 年他与布雷特提出磁场中核磁矩和电子耦矩的观点，该观点被称为"B-R"理论，形成了后来实验的理论基础。在理论方面，1936 年拉比和他的学生扎卡赖亚斯、克罗齐提出非绝热跃迁确定核磁矩的思想，以及他与学生施温格（1965 年诺贝尔物理学奖得主）关于非绝热跃迁的理论工作，都是分子束共振实验的基础理论。

在实验方面，拉比一面采用了斯特恩分子束实验的许多技术与设备装置，一面又大胆改进与创造。在 1929 年实验的基础上，他在 1938 年又成功地完成了新的实验。实验原理和装置及其所得结果如图 1、图 2 所示：

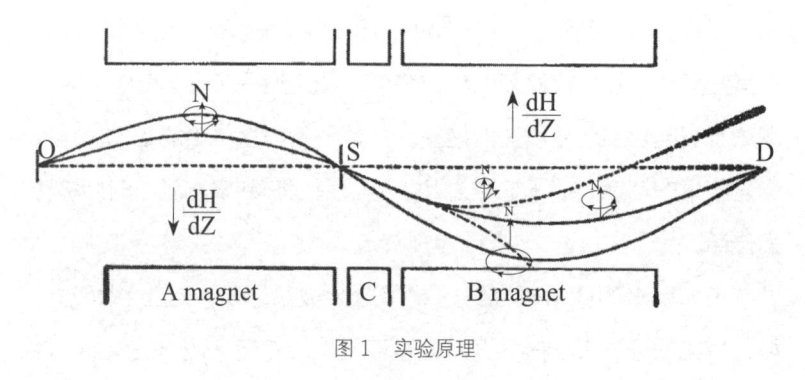

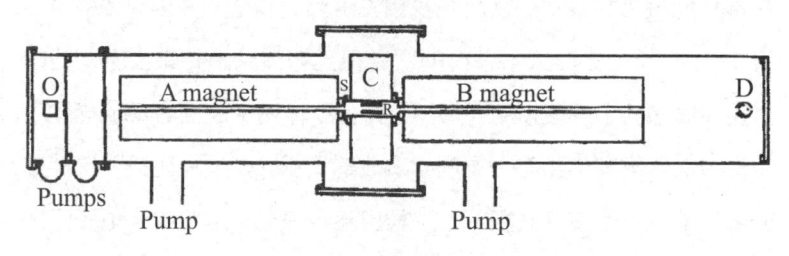

图 1　实验原理

图 2　实验装置

磁场 A 是非均匀磁场，作用是使原来从源 O 中射出的直线行进的分子束发生偏转；磁场 B 方向与 A 方向相反，也是非均匀磁场，作用是使分子束再形成反偏转，射到 A、B 磁场不存在时应到达的地方，在该处放置探测器 D。实验最巧妙的设计，是在磁物 A、B 之间的衔接处引入了一个均匀强磁场 C，并在这个均匀磁场垂直方向上加了一个振荡磁场 R（见图 2）。当均匀磁场足够强时，可使核自旋彼此去耦，因而可把核视为自由核。这时，原子核如同原子一样，像一个小磁铁，具有磁矩。通过精细调整和控制振荡磁场 R 频率，可以使原子核从一种量子状态跃迁到另一量子状态，引起核自旋磁矩方向改变。于是当这个核进入磁场 B 时，就会偏离原来的路线，不再到达探测器 D。在实验中，连续调节振荡磁场频率，就会在某些频率上发现探测器的输出降低。测定这些频率，就等于直接测量了引起自旋跃迁所需的能量，而该能量与核磁矩成正比。拉比测量结果的精度高达十亿分之几，分子束核磁共振方法一时间被传为佳话。

正如所有的科学研究或迟或早总会被后继研究赶上和超过一样，拉比的分子束核磁共振研究也不例外。然而，他的研究与成就却是其他核磁共振方法以及许多相关研究的基础与先导。1967 年 5 月 23 日在哥伦比亚大学举行的欢送拉比教授荣退的集会上，他的学生兼同事扎卡赖亚斯用一幅"拉比树"图画形象而客观地描述了拉比对美国物理学和整个物理学事业的贡献。从"拉比树"这棵养分浓厚的主干（核磁共振）上生长出不少有意义的分支：电子顺磁（1948）、自旋共振（1954）、光磁共振（1955）、铁磁共振（1948）、铯原子钟（1953、1955）、射频光谱、射电天文学（1955、1958）等，其来源都直接或间接受到拉比研究的影响与激励。

更值得提及的是，拉比通过合作研究方式培养了对20世纪美国物理学发展颇有影响的一大批年轻精英。早在欧洲学习期间，在哥廷根大学图书馆，他发现美国出版的《物理评论》杂志根本不受重视，经常被捆成一包而不上架，这也说明了美国物理学研究的落后状况。从那时开始，他与奥本海默、康登等人不约而同地下定决心，要使美国物理学达到世界一流水平。到20世纪60年代时，拉比的这个愿望不仅早已实现，而且可以品尝它结出的果实了：

> 筑巢在"拉比树"各个分支上，有20位诺贝尔奖桂冠荣膺者，其中10位是美国人，另外4位的工作是在美国做出的……

他们中很多人是拉比的学生与合作者。

虽然在课堂上，拉比似乎并不是一位常规意义上的好教师，他甚至"糟透了"，他的学生都这样评价他的课，说其教学组织性、逻辑性都谈不上有多好。但它的优势是教学与科研相结合，能看出有价值的问题，能击中要害。所以那些想要投身物理学研究的学生都愿意找他，同他交谈并向他请教。因此，很有意思的是，这位"笨嘴拙腮"的老师，却在1981年获得了美国物理教师协会的最高荣誉——奥斯特奖章。该奖章是为奖励"在物理教学上有突出贡献的人"。这表明优秀教师的标准并非仅仅表现在口才上。

五、科学与文化

拉比不是一个只懂得物理学的"象牙塔"教授。他非常关注科学与文化的关系,关注科学的人文意义与社会作用。除了科学著述,在这些相关领域中,他也留下许多真知灼见。

在科学研究中,拉比相信直觉,追求创造性,厌恶繁杂琐碎之事,他欣赏科学上美的事物,追求善的东西。他从不把物理学研究看成纯功利或谋生的手段,也不把它看成娱乐或智力游戏,而是把它作为接近上帝的一种方式,是理解人类自身及其他所生活的宇宙的一种方式。

拉比把科学视为文化的核心,又把智慧看成联系科学与文化的纽带和活跃于其中的活的灵魂。在《科学:文化的核心》(1970)这本著作中,他写道:

> 对于我,科学的价值含量或古典文学的价值含量既不在于它们那独树一帜的题材,也不在于那鸿篇巨制的伟大内容,而在于包含在这些学科中的精神和活的传统。只有这种精神和传统才使它们富有生机。

拉比敏锐地觉察到,在科学与人文主义之间存在着种种隔阂,他对两者间愈来愈分离的趋势感到忧虑。1957年他卧病在床还与拜访他的斯诺讨论过科学与人文主义。后来斯诺在著名的"两种文化"的演讲中阐述了这些观点。斯诺曾对他儿子说,拉比是为他提出两种文化观点提供了思想基础的人。

拉比清楚地认识到，科学精神与传统不仅远未被大众所理解，而且也未被所谓管理公共事务的"有教养的"人们所理解：

> 横亘在科学家与非科学家心灵沟通之路上的最大障碍，就是交流的困难……（最不幸的是）这个交流的渠道通常还只是一个单行道。……非科学家无法以愉快的心情和理解力听懂科学家的心声。不论科学的宇宙观、统一性原理和它那声名赫赫的传统如何，科学都似乎无法再与绝大多数有教养的外行人交流了。这些人已经退化到了既不具有今日科学知识的背景，也不具有为理解科学将对他们的世界所具有怎样的影响力所必需的智力工具的地步。取而代之的，仅仅是对科学怀有的混杂着恐怖和藐视的敬畏情感。……科学家也似乎越来越像来自另一星球的生物，一个说话含义深奥难于理解的生物，或者一只手播撒抗菌素另一只手拿原子弹的生物。

鉴于此，科学家必须承担社会责任：

> 只有科学和人文主义相互融合，我们才能渴望达到那种体现我们今天和整个时代精神风貌的智慧水准。科学家必须学会讲授智慧精神之中的科学，而且按照人类思想和制造的历史去讲授它们，……我们的非科学家同事们也应

理解，如果他们所教的事物不顾及伟大的科学传统及其成就，即使他们言辞优雅、雄辩，对于这个时代，那他们也会黯然失色，毫无意义。只有科学与人文主义携手并肩，我们才能有希望在发掘人类思想的共同性上获得成功，而这种共同性将引导我们走出黑暗与混乱。

正是基于这些认识，拉比以一个科学家和公民的身份积极参与社会公众事务，在促进科学事业进步方面（他是欧洲核子研究中心的积极促成者）、促进各国科学文化交流和和平利用原子能方面，做出了重要贡献。

在文化习俗方面，拉比也有一个独特之处，也可以说是一个根深蒂固的偏见，他认为妇女不适合从事科学研究，所以他从未有一个女学生或女同事。这也可以说是这位伟大科学家身上不多见的白璧微瑕。具有讽刺意味的是，"上帝"却只给了他两个女儿。

六、政治：雷达、原子弹和科学顾问

在 20 世纪 30 年代，拉比在欧洲留学时结识的朋友和同事，如布洛赫、贝特，也包括他的导师斯特恩，由于纳粹反犹主义迫害，都在 1933—1938 年间陆续流亡到了美国。拉比对此既困惑又不安。他不理解，为什么有着良好的教育、优美古典音乐、伟大文学、一流科学的德国竟然会出现毁灭人类文明的倒行逆施？

1940 年春，在第二次世界大战爆发后，美国政府建立了一个保密检查委员会，开始控制出版物中有关核物理特别是铀裂变研究的信息。1940年6月前后，纳粹开始大举进犯欧洲大陆，法国投降了。在这种形势下，美国总统罗斯福同意建立国家防御研究委员会（NDRC）。拉比此时也想以某种形式参加到反对纳粹的战争中去。恰好这时麻省理工学院召开了一个核物理学应用会议，拉比应邀参加了。这表面上是一个普通的学术会议，但是出席会议的有好几位深度介入NDRC活动的科学家如杜布里奇、鲁米斯、劳伦斯等，他们借会议之名来物色物理学家，以建立一个发展军用雷达系统的辐射实验室。几天后，拉比就被相中并吸收到麻省理工学院的辐射实验室，从事雷达研制与管理工作。在这里，拉比充分发挥出了一名卓越科学家的创造力和影响力。到1941年春，当辐射实验室主流人员还在研制10厘米波长的微波雷达系统时，拉比就已又率领一批科研人员开始着手前瞻性地研制分辨率更高的3厘米波长雷达。在科研管理方面，拉比建议采取民主科学管理体制，而不接受战时军事管制的方式，为此军方一开始曾非常不满，但随着科研成果源源不断涌现，工作效率非常之高，军方也就不得不承认他们的方式不适用于科学家了。在辐射实验室，杜布里奇是主任，鲁米斯和拉比是副主任，三人各有各的风格。然而，很多科研人员更愿意去找拉比谈问题和研究，因为拉比眼光锐利，经常能一下击中问题要害；同时，他又是个修养良好的聆听者，愿意倾听来自各路人马的想法，并向他们提出有价值的建议。杜布里奇后来回忆说：

> 很明显，拉比的才智太广泛了，以至于不能把他限制在实验室的某个部分……拉比自主的决策，加上我们的支

持，是使整个实验室各个部门展望明天的动力，……他是一个向前看的研究指导者，这是非常宝贵的。

在与军方打交道的过程中，拉比敢于坚持主见，同时又灵活地协调了实验室与军方的关系，这使辐射实验室和拉比本人都与军方特别是海军部建立了良好关系。这种关系也一直延续到战后，为美国政府和军方向美国基础科学提供资助打下了良好的基础。战后，哥伦比亚大学物理系和建立在哥大附近的布鲁克海文国家实验室（拉比是奠基人之一）都曾从美国政府（如海军部）那里获得过巨大资助。这一切都与拉比的影响力有很大关系。

在制造和发展原子弹的问题上，拉比实际是最早知情人之一。1939年流亡科学家西拉德首先是通过拉比找到费米，传递了有关核裂变可以导致制造炸弹的讯息，当时费米不以为然，认为最多只有10%的可能。是拉比说服了费米，促使这个讯息逐步传递给了美国总统。

1942年夏，成立了以奥本海默为首的研制原子弹的洛斯阿拉莫斯实验室，奥本海默要拉比出任实验室副主任。拉比拒绝了，他提出了许多理由，如家庭、个人和辐射实验室离不开等，但内心深处却是由于讨厌炸弹，在1932年他看到日本飞机轰炸上海的悲惨情景之后尤其如此。炸弹使平民也无法幸免，所以他更愿意发展雷达而不是原子弹。不过，拉比答应做奥本海默的不领薪金的顾问。1943年2月，在奥本海默的请求下，拉比说服了贝特和巴彻、阿尔瓦雷兹、班布里奇、拉姆齐等人参加了曼哈顿计划。

由于这些著名科学家的加持,曼哈顿计划的质量与实施速度都得以大大提高。

在曼哈顿计划实施的各个阶段,拉比都是一个起过重要的实际影响的人物。像在辐射实验室一样,他力劝奥本海默对洛斯阿拉莫斯实施科学民主管理制度,而只把保密事务交给军方。拉比自己说:

> 我认为我在洛斯阿拉莫斯对战争的最大贡献就是帮助说服奥本海默使实验室文职化。

由于亲眼所见第一颗原子弹那比一千个太阳还亮的巨大爆炸威力和向日本投掷原子弹造成的悲剧,战后的拉比也积极参加了原子武器国际控制与国际和平利用原子能方面的活动。拉比不愿抛头露面,所以他的活动总是在"幕后"。拉比和奥本海默实际上是核军备控制计划的最早发起人,在拉比家中,他们两人讨论了有关问题,他们的共识是,希望把原子能置于国际监督与控制之下。他们确信必须把原子知识与任何一种特定色彩的旗帜分离开来。拉比和奥本海默的观点通过奥本海默的"前台"努力和拉比的"幕后"活动,最后成功地写入了《关于原子能国际控制的报告》,后来它变成了众所周知的巴鲁克计划。但因为苏联很快爆炸了它的第一颗原子弹,这个努力基本上失败了。

苏联爆炸原子弹前后,美国政府完全是两种状态:爆炸前,美国认为他们还可以控制和垄断原子弹 10—20 年;爆炸后,美国政府一片惊慌，似乎共产主义的"侵略"已迫在眉睫。这两种状态都错误地估计了形势。1949年10月31日，建立于1946年8月的美国原子能委员会（AEC）下设的总顾问委员会，应总统杜鲁门的要求召开了一次商讨对策的咨询会议。这是一次未能形成一致意见的会议。因为其中绝大多数成员未能就研制有关超级炸弹达成一致意见，虽然在研制原子弹的问题上他们也表达了希望避免超级炸弹的意愿。而拉比和费米则强烈表示反对制造氢弹和超级炸弹，在他们签字的少数人观点的附录里，他们认为：

> 美国总统应该告诉美国人民和全世界，从基本道义出发，研制这种武器是错误的。同时我们也欢迎世界各国与我们签订不研制这种破坏力巨大的核武器公约。

然而，杜鲁门总统却给了他们一个完全不同的回答。1950年1月10日，杜鲁门向全国宣布将继续发展和研制原子武器特别是氢弹和超级炸弹。拉比和费米以及另一些顾问成员为此感到愤怒和忧虑。拉比知道一场核军备竞赛已不可避免了。拉比后来说：

> 我们的原意是美好善良的，但我们所做的，却是把这种力量托付给了那些不理解它、不尊重人类文明精神的人们了。

在美国总统艾森豪威尔任职期间（1952—1960年），拉比曾促使他建立了总统科学技术顾问机构。1957年10月5日，在与总统艾森豪威尔举行一个会议时，拉比第一个发言，他认为美国的许多政治决策太缺乏科学因素，以至于出现了大量盲目和非理性行为，因此他建议总统设立一个常设机构即总统科学顾问委员会（PSAC），这个意见被艾森豪威尔接受了。从此，美国政府机构中出现了一个正式的科学顾问机构。

1950年，拉比曾被美国政府委任为驻联合国教科文组织的美国代表。在此期间，他积极倡议建立欧洲核子研究中心（CERN），积极呼吁加强原子能国际控制和原子能和平利用。1954年，作为顾问委员会主席的拉比，开始得到艾森豪威尔的支持，筹备召开一次原子能和平利用国际会议。会议筹备相当困难，麦卡锡主义的非美调查活动已波及许多科学家，奥本海默正在受审，拉比和许多科学家出席了听证会支持奥本海默，而当时主持听证会并想置奥本海默于死地的人中就有原子能委员会（AEC）主席斯特劳斯。召开和平利用原子能会议，有斯特劳斯的支持非常重要。拉比地位微妙但是他处理得相当好：一方面为朋友作了辩护，一方面也未失去施特劳斯的支持。

拉比又对当时联合国秘书长哈马舍尔德施加影响，终于使联合国在1954年12月4日通过一项召开国际和平利用原子能会议的决议，并成立了一个顾问委员会。1955年8月8日—22日，第一届和平利用原子能的国际科学技术会议如期在日内瓦召开。后来很久，当拉比被人问及他对以往自己的种种活动中哪些是感到满意并具有特殊意义时，他自豪地回答说：

> 我非常引以为荣的就是日内瓦和平利用原子能国际会议。

1988年1月11日，年近90岁的拉比与世长辞。回顾他获得诺贝尔物理学奖后的后半生，本来他还可以继续投身于物理学研究事业，但到20世纪50年代中期，他在物理学方面的研究工作基本停顿下来，而投身到了政治这个更广阔的舞台上。在这个舞台的幕后，他始终以"顾问"的方式推进着美国科学与政治的关联。我们无法对此做出简单的"对"或"错"的评判，我们也无法把结论放在"假若"的基础上，况且拉比也不是服务于政府、参与政治的第一个科学家。当后人回看拉比当时的主要所作所为，包括致力于发展原子能的和平利用和原子武器国际控制，以科学因素影响政治权力及其决策行为等，作为一位科学家，还能再苛求他什么呢？

（作者：吴　彤）

塞格雷

技术精湛的实验物理学大师

埃米利奥·吉诺·塞格雷
(Emilio Gino Segre, 1905—1989)

意大利出生的美籍物理学家埃米利奥·吉诺·塞格雷，是一位杰出的实验物理学家。他一生主要在光谱线的禁戒跃迁、里德伯态、分子束研究、中子慢化、新化学元素的发现以及核子碰撞等广阔的领域取得了丰硕成果。由于反质子的发现，他与张伯伦一起摘取了1959年诺贝尔物理学奖的桂冠。他不但是一位杰出的科学家，同时还是一位颇具性格魅力的教师，他从较高水平上引申出具有科普文风的讲课风格，通俗明了地表达了一位实干科学家的经验之谈。他还是科学史的终身爱好者，他把亲身经历的许多重大事件，用简洁而流畅的文笔记录了下来，向读者展示了物理学发展历程中生机勃勃的画面。

一、追随费米、广阔交游

1905年2月1日，塞格雷出生于意大利罗马附近的一个古老的小镇蒂沃利的一个犹太家庭里，父亲朱塞佩·塞格雷是意大利著名的工业企业家，母亲阿美丽亚·特莱维斯出生于佛罗伦萨，从小受过很好的教育。塞格雷有两个哥哥，分别比塞格雷年长14岁和12岁，大哥安吉罗后来曾在大学任职，二哥马珂继承父业成为意大利知名的企业家。塞格雷在蒂沃利完成小学学业，1917年全家搬到罗马，他进了马米亚尼中学。在中学时代他就学习了格拉泽布鲁柯所著的《光学》、鲍勒的《初等天文学》、麦克斯韦的《热学》、雷卡的《量子论》和笛卡儿的《方法论》等，这些书给他留下了深刻的印象。1922年7月，他从塞格雷中学毕业，遵从父母的意愿进入罗马大学学习工程学而没有选择物理学。他的大学同班同学中有一位叫马约拉纳的，是一位著名的数学天才。

1927年春天，塞格雷认识了费米的好朋友拉塞蒂。拉塞蒂是罗马大学的助理教授，也是一位出色的物理学家。不久以后，拉塞蒂就把塞格雷介绍给费米。当时他们两人正在找学生，而塞格雷正在找老师，他们不谋而合。费米堪称科学天才，是意大利物理学的希望，也是意大利最早懂得量子论和相对论的年轻学者，在年仅25岁时就担任了罗马大学的理论物理学教授。

费米见到塞格雷后，给他出了个小小的研究课题，让他计算一根粗绳垂吊时产生的振动。结果塞格雷的答案很让费米满意，从此开始了他们的师友之谊。费米开始时只是利用业余时间对塞格雷进行指导，但塞格雷仍从他那儿学到了多方面的物理学知识，如光的狭缝衍射、气体中分子的平均自由程、涨落、光谐振的经典理论分子旋光力、扩散真空泵、X射线衍射等。关于费米与学生之间的密切关系，费米夫人后来回忆说：

在费米的指导下，他们迅速对科学产生了难以置信的热情，他们对物理热爱的程度可以和人类热恋的程度相比。每天他们想的、谈的全是物理。

费米认为，理论可以通过讲课教会，但实验技巧只能通过在实验室里当学徒学到。同时，塞格雷遵从费米的教导向拉塞蒂学习怎样利用干涉仪和摄谱仪进行分光试验。1927年秋季，塞格雷从工程系转到物理系，并开始学习费米的一部新作《原子物理学导论》，同时学习高等物理、数学物理等课程。1928年7月4日，塞格雷以《水银和锂蒸气的反常色散》的论文获得博士学位。

1928年，塞格雷和阿玛尔迪合作，在意大利林琴科学院的院刊上发表了平生第一篇关于"拉曼效应的量子理论"的论文，这是他博士论文的简短概述。1929年，塞格雷和阿玛尔迪又发表了论文《带状光谱的反常色散》。随后，在费米的帮助下完成了一篇关于"分子光谱频带的反常色散"的论文，解释了频段高端附近的那组吸收谱线所显示的折射率的特殊变化。

费米因为他杰出的物理学研究和领导才能，以及有口皆碑的个人品德和人格魅力，吸引了许多年轻物理学者和学生来到罗马大学，并逐渐形成了以他为首的所谓物理学研究的"罗马小组"。该小组成员有拉塞蒂、塞格雷、阿玛尔迪和马约拉纳等。这个小组当时年龄最大的成员25岁，最小的阿玛尔迪仅19岁。费米虽为人随和，但在学术方面十分严谨，对自己和学生发表论文方面有严格的要求，在《物理学杂志》或《自然》上只允许发表他认为重要的论文，结论不太重要的用意大利文发表。这样就使得罗马小组很快在国际科学界取得了声誉。这吸引了更多优秀年轻物理学学生、学者前来拜师学习。较早来的有贝特、佩耶尔和普拉杰等，后期来的有爱德华·泰勒、伦敦、布洛赫、英格利斯和芬博格等。塞格雷就在这样的氛围下成长起来了。

1930年11月,塞格雷以短信的形式给《自然》寄了一篇论文,这是完全由他自己独立思考的第一篇有价值的论文。根据原子物理学的定律,电子从一个能级跃迁到另一个能级,同时发射光子;有时跃迁规则遭到违反,出现所谓的禁戒跃迁。这一发现与碱金属光谱中的某些(S-D)禁戒跃迁有关。塞格雷在论文中指出:这种禁戒跃迁起因于通常在一级近似计算中所忽略的电四极辐射,这可通过观察这些谱线的塞曼效应来证明。沿着这一思路,塞格雷使用罗马大学一部大型希尔格棱镜光谱仪,成功地观察到了氢放电产生的紫色连续光谱中的吸收线。他将吸收管置于磁场中,吸收线加宽到近乎消失,把仪器调到最大分辨力,终于辨认出自己预言为四极辐射的那类塞曼效应。他将此成果写成题为《四极线中的塞曼效应》的论文,由费米推荐在《物理学杂志》上发表。这个成就,使塞格雷在罗马大学理论物理所的朋友圈中获得了"四极爵士"的绰号,也使这位青年科学家信心大增。

塞格雷在深入研究塞曼效应时,发现罗马的实验条件有限,难以获得进一步的成果。此时,荷兰著名物理学家德拜访问罗马,建议他到外国实验室去。当时有四个实验室可能有适合于他所研究项目使用的衍射光栅,即图宾根的拜柯实验室、波恩的科南实验室、柏林的帕邢实验室和阿姆斯特丹的塞曼实验室。塞格雷立即写信联系,塞曼效应的发现者彼得·塞曼很快回信,热情邀请他到阿姆斯特丹来合作工作。

1931年夏初,塞格雷来到阿姆斯特丹。其时塞曼已66岁,不再做实验了。他给塞格雷的印象是彬彬有礼、和蔼可亲，是一位出色的实验家和光学大师。塞曼习惯于从创新的角度考虑一项实验，所用的方法总是出人意料。虽然他不低估理论的力量，但对理论的质疑态度时常使人感到耳目一新。他对每一个实验都要求做到完全彻底，从考虑极为周全的实验中寻找意外事情的发生，和他谈话常常使人受益匪浅。

塞曼非常欣赏塞格雷，帮助他申请洛克菲勒奖学金，并接纳他为退休前的关门弟子。塞格雷在阿姆斯特丹很快就取得了所有预料中的结果以及其他几项成果，为合作研究画上了圆满的句号。回到罗马后，他继续研究禁界线，并发现塞曼效应中的一些其他有趣的特点，揭示了并非起因于四极辐射的禁线的缘由，并从理论上表明在 X 射线光谱中也应该有四极禁线。德国物理学家索末菲在其再版的著名专著《原子与光谱》中引用了他的这些成果，这足以令塞格雷感到自豪。

此时，罗马小组的精神领袖费米感觉要复兴意大利的物理学，就必须着眼于未来，培养和造就更多具有国际眼界与科研技能的青年人才。他借助于洛克菲勒基金会的奖学金，不断派遣小组成员去国外著名实验室接受训练。按照计划，费米建议塞格雷利用该奖学金提供的机会去德国汉堡大学，在那里跟从斯特恩学习真空技术和分子束，因为这是罗马小组所欠缺的。于是，1931 年底，塞格雷又来到了汉堡大学投入斯特恩的门下。

斯特恩是德国少有的既有财富又有声望的实验兼理论物理学家，年轻时曾到布拉格和苏黎世追随爱因斯坦。早期工作是在统计热力学和量子理论方面，后来的兴趣转到了分子束实验方法上，他以创造性的设计证明了这一方法是研究分子、原子和原子核特性的强有力手段。1922年他和盖拉赫合作的斯特恩-盖拉赫实验更是脍炙人口。通过这个实验，一举证明了空间量子化的真实性，并为"电子自旋"概念的提出提供了实验基础。1922年斯特恩到汉堡大学建立了一个研究所，该研究所规模不大，但却是国际上分子束研究中心。他们创造了分子束技术研究的一套独特方法，很多相关研究课题都是从这里开始的，并通过人员的互访和交流扩散到世界各地。美国的拉比曾在这儿学习和研究，在原子的磁矩和磁共振问题上做出了杰出工作，后来回到哥伦比亚大学更是获得了一系列重大成果。在斯特恩的领导下，汉堡研究所在1926—1933年间，连续发表了30多篇有关分子束领域有创建性的论文。这些成果不但奠定了研究所的重要地位，也最终将斯特恩送上了诺贝尔领奖台。

到达研究所后，塞格雷首先通过观察斯特恩及其学生如科诺埃尔、弗里什、希努尔曼和约瑟菲等人的工作学习技术。弗里什那时是斯特恩的个人助理，正在进行两项重要实验：用氦原子验证德布罗意波和测量质子磁矩。斯特恩建议塞格雷完成量子化空间动力学的实验，他向塞格雷解释了这项实验的目的、所依据的理论以及现有仪器的详细情况。仪器是塞格雷到来之前的一个美国学生费普斯制作的，但在他还未取得成果时奖学金到期了，未能得到成果就离开了。塞格雷对遗留下来的仪器进行了彻底研究，认为其产生磁场的方法应该改进，但当时他还没想清楚应该如何去做。有一天，他在阅读麦克斯韦的著作《电磁通论》一书时，偶然看到了书中的一张插图，描述在均匀磁场中通过直导线的电流所产生磁场的受力情况。这张普通插图却刺激了塞格雷的想象力，他马上意识到也许可将这个办法应用到分子束装置中来解决空间动力量子化问题，不过可能需要改变相关的理论分析。斯特恩在听取了塞格雷的新想法后立即表示赞同，让塞格雷按照自己提出的方法重新制作仪器。就这样，塞格雷用自己设计的实验装置很巧妙地实现了实验构想，并获得令人满意的结果。不久后，该研究成果经拉比推荐，发表在美国刊物《物理评论》上。

经过一年多的学习，1932年10月，塞格雷回到罗马，和费米一起开始对原子超精细结构进行研究，并共同署名发表了包括标准费米-塞格雷公式的著名论文。塞格雷也继续了之前的光谱禁线四极辐射研究，他很清楚还有其他机制可以引起禁戒跃迁，其中包括能产生随机电场离子放射的效应。塞格雷认为钾和钠在这方面的作用可能有所不同，并在实验中观测到这些金属有主量子数很高的激发态，与之对应的是半径巨大的电子轨道。塞格雷形象地把这些称作"肿胀原子"，后来的标准名称是"里德伯态"。随后塞格雷发现，在适用场的塞曼效应中，"肿胀原子"应表示为一个二阶项，通常的理论中该项被理所当然地忽略，但塞格雷的实验证明它在某些适当场合中起了重要作用。二阶塞曼效应、谱线位移以及电场对系限附近谱线的效应等工作是阿姆斯特丹工作的延续，这些课题现已成为光谱学的重要分支。

早在中子发现以前，费米就意识到原子物理学的黄金时代已经过去，未来属于原子核物理学。所以他要求小组成员加强对核物理学最新发现文献的研读,时刻领悟新发现的意义。1932年,英国卡文迪许实验室的查德威克发现中子,从此开辟了核物理学的新纪元。中子发现之前,α粒子是轰击靶核的炮弹,中子发现后,费米立刻想到用中子做炮弹的效能要远远高于α粒子。原因在于α粒子受到原子核中正电荷的排斥作用,不能穿透原子核,而中子却能顺利穿透原子核。开始费米用镭加铍作中子源,按原子序数从小到大依次轰击所有的元素,试图生成它们的新的放射性同位素,第一个成功的元素是氟。下一步要尽力将所有的元素都激活,然后对生成的全部放射性同位素进行研究。

发现了这个新的科学金矿后,费米立即邀请塞格雷、拉塞蒂和阿玛尔迪一起工作。在这项研究中,当然费米是首领,但每个人均有自己的专职,在所有阶段他们都充分合作,一旦出现问题就一起讨论,罗马小组就像一支训练有素的管弦乐队,通过费米的指挥,演奏出超一流的美妙音乐。他们对能找到的所有元素进行了系统的中子辐照,使轰击实验进行到了钍和铀。1934年,罗马小组证明了轰击铀所生成的放射物不是铀的同位素,但却错误地推断它们为超铀元素(其实是铀裂变产物),从而错失了发现核裂变的机会。这个机会留给了1938年12月的哈恩和斯特拉斯曼,他们通过用慢中子轰击铀原子核,实现了现代炼金术,并获得了巨大能量。但他们这个成就也凝结了包括费米和塞格雷等人曾经做出过的努力。

1934年夏,塞格雷和阿玛尔迪赴英国剑桥大学的卡文迪许实验室访问,并把罗马小组中子研究的论文原稿交给卢瑟福。卢瑟福此时是卡文迪许实验室主任和皇家学会主席,已达到了事业辉煌的顶点。卢瑟福细心纠正了他们论文中的一些英语表达上的错误后,立即转交《皇家学会会刊》发表。在剑桥,塞格雷也是剑桥的那些年轻一代的物理学精英,包括卡皮查、奥里凡特、查德威克、考克罗夫特等。值得一提的是他们与别尔格和韦斯考特的交流。通过交流确立了钠的(n, γ)反应的一个明确无误的事例,这对两个月后发现慢中子起了重要作用。

1934年10月22日,塞格雷和阿玛尔迪在不同条件下把中子源和银箔靶用石蜡包起来,进行了几次辐照银箔的实验后观察到了一种奇异现象:石蜡大大增强了中子的激活力,接着用其他两三种物质代替石蜡做实验都没有那种效果。很快费米想出了对石蜡效果的一种解释:他认为石蜡中的氢原子与从中子源来的中子发生弹性碰撞,从而使后者速度减慢,而较慢的中子比起较快的中子更容易被俘获。中子与氢原子发生弹性碰撞后平均要损失一半能量,这点很容易明白,但较慢的中子在诱发核反应上比较快的中子更有效的观念却是意想不到的,这与过去的习惯思路正好相反。费米进一步猜测中子会被减速到能量等于介质分子的热扰动能,在室温下大约为0.03电子伏,现在称此过程为慢化。当晚由费米口授、塞格雷执笔写给《科学研究》杂志的一篇短文很快发表。慢中子的发现引出很多问题,为此他们重新调整了整个研究计划,测量了许多物质的"水效系数"(指在标准的条件下,浸没水中多大深度后能增大放射强度),验证了慢化假说是正确的,从此把研究中心从中子辐照的生成物转向中子的慢化过程。1934年12月,在第一次发现慢中子六个星期之后,罗马小组就慢中子技术所具有的重大潜在的实用价值申请了专利。

二、任职西西里

1935年10月，对塞格雷来说是一生中的重大转折，他从罗马物理研究所的助理研究人员被委任为西西里岛巴勒莫大学的教授。巴勒莫是意大利南部西西里西北岸的一座美丽的海滨城市，曾是与法国波旁皇室有亲戚关系的西西里王国的都城。环绕巴勒莫周围的环山就像镶嵌在戒指周围的宝石，偶尔经过的强劲寒流和周边山梁上出现的罕见的积雪，构成了巴勒莫独有的美景。此时，塞格雷刚刚30岁，正处人生而立之年，他想尽自己所能做好工作，树立现代新法教学的样板，并在意大利的一个新研究中心做一些意义深远的开创性工作。在个人生活方面，他也春风得意，1936年2月2日，与一位年轻漂亮、风度高雅、仪态端庄、充满活力和智慧的德国出生的犹太血统姑娘埃弗丽蒂结婚，并按父母喜爱的传统方式建立了完全独立的小家庭。

巴勒莫大学的物理研究所是一座新建筑，但在科研上还处于一片荒漠状态。塞格雷的首要任务是组织好工科学生的主要公共课和讲授高等物理学，同时积极开展研究工作。他对同事态度友善，工作努力，并明确表示自己不打算做候鸟一样的过客，将尽其所能改善这里物理学的状况，使西西里的同事们很快把塞格雷当成他们中的一员。塞格雷利用研究所已被弃置约50年不用的仪器和一些自己制作的新仪器做了很多物理演示实验。为了启动新的科研工作，他自制了一台标准的电离室，同时购买了静电计和研究放射性现象所需的其他设备,并聘用年轻人做助理教授,很短时间就将研究工作轰轰烈烈地开展起来。另外,鉴于在巴勒莫大学学物理的学生多数将成为中学教师,塞格雷编撰了一本《初等物理学——从高等物理学的观点看》一书给学生参考。此书风格效仿克莱因用德文撰写的数学著作,创意新颖,效果颇佳。

早在1933年夏,塞格雷就曾与费米首次访问美国,1936年的学年结束时,他再次访问了美国加州的伯克利,收获很大,满载而归。回到巴勒莫后,塞格雷立刻开始研究在伯克利弄到的经高能加速器轰击过的材料,并着手用常规的放射化学技术进行化学分离,很快发现带来的材料中含有异常丰富的放射性物质。他在这些材料上找到了从靶中溅射出的多种物质,除磷以外,还有放射性钴、锌或银,以及其他未知物质。他首先离析出大量的半衰期约为两个星期的磷-32,并立刻想到它可用于生物学实验。他为生理学教授阿托姆详细介绍了那时相当新颖的放射性磷的示踪技术,并在放射测量方面给予帮助。阿托姆把示踪技术应用到磷脂代谢上,从此他们开始了卓有成效的合作并取得较好的成果。

1937年2月,塞格雷收到美国物理学家劳伦斯从伯克利寄来的一封信和装有一些放射性材料,尤其有一片曾用作回旋加速器偏转板零件铝箔管的包裹,向他询问有关用氟轰击钼原子会产生什么东西的问题。塞格雷马上猜想铝箔管内应该含有一种新的43号元素,理由很简单,用氟轰击原子序数为42的钼后,通过已知的核反应,应该生成43号元素及其一些相关同位素。随后他与人合作进行了这项研究。他们把对象放射物与所有的已知元素分离开,以明确它不是其中任一元素的同位素。然后，从几种化学性质确定了 43 号元素和它的同位素。这些工作在此后玻尔邀请参加的 1937 年 9 月举行的哥本哈根会议上报告了，产生了一定程度的轰动效应。43 号元素的发现，被从不恭维人的费米认为是当年度物理学最出色的成果。所谓"43 号元素"，实际就是第一个人造化学元素。第二次世界大战之后，一般的核反应堆都可生产出宏量的 43 号元素。此时，塞格雷发现自己先前的研究不仅正确而且已分析出了新元素的主要性质。至此，他和合作者佩里埃将它命名为"锝"（意指人造的），以纪念他们的发现。

1937 年，本来无论在个人生活还是学术工作上对塞格雷来说都是收获颇丰的一年，但外部局势却正值风云变幻、一触即发的关键时刻。在意大利，墨索里尼对德国希特勒法西斯的响应和追随，使整个国家陷入一片狂热。对犹太人塞格雷而言，危险步步逼近。特别是费米未能继任罗马大学物理研究所所长后的黯然离去，使塞格雷对在巴勒莫的研究能否持续进行下去也产生了很大的怀疑。其后形势更是急转直下，迫使塞格雷也不得不做出放弃现职、流亡美国的痛苦选择。1938 年 6 月 25 日，他从那不勒斯踏上了去美国的旅程。

三、踏上新大陆

塞格雷到达芝加哥时，从报纸上读到意大利已经通过了反犹太主义的新宪章《种族宣言》，不由得暗吸一口冷气。随后，他就踏上了去伯克利辐射实验室投奔劳伦斯门下的路，并通知夫人埃弗丽蒂立即去美国。从此，塞格雷告别祖国，投入到新大陆的怀抱。而美国则敞开胸怀，接纳了包括他在内的一大批欧洲流亡科学家。到二战结束前的 1944 年，塞格雷夫妇俩在宣誓效忠后正式成为美国公民。

伯克利辐射实验室的劳伦斯，是一个天生从零开始建立伟大事业的首领，他将一大批杰出人才聚集在自己的周围并得到大家的尊敬和拥戴。他善于进行细心观察并冷静做出判断，让大家充分发挥各自的独特才能，而在功劳归属问题上素来慷慨大度。他认为：大家的成功如果是在辐射实验室取得的，也就等同于他自己的成功。在劳伦斯的鼓舞和启发下，伯克利辐射实验室成为一个团结奋进的集体和物理学界的一个重要研究中心。他所创立的"大科学"和大规模物理学研究风格，成为二战后大科学研究的样板。

塞格雷加入劳伦斯的辐射实验室时，正当其人才济济、硕果累累之时。实验室的年轻人各有所长：阿尔瓦雷兹和麦克米伦聪明过人，威尔逊才华出众，库克赛为人慷慨、善解人意，受过英国式绅士教育的索恩顿，在他身上结合着出色的专业才干和高尚的人品。他们聚集在劳伦斯周围，全力以赴投入研究工作。塞格雷在伯克利俱乐部还认识了一位年轻化学家西博格，他对周围发生的事情都很感兴趣，总是眼观六路，耳听八方，不仅进行有机化学研究，还运用自己丰富的想象力为同人所提出的研究设想提供支持，因此很快就成为塞格雷的亲密合作伙伴。

来辐射实验室几天之后，塞格雷就与西博格一起寻找锝的短寿命同位素，这是塞格雷在巴勒莫研究工作的自然延伸，也是塞格雷选择伯克利的首要原因。用氟轰击钼得到的新放射性物质立刻展现出一种前所未有的有趣现象，它是核素同核异能的一个事例。早在1936年，冯·魏扎克对同核异能的激发态提出一种理论解释，认为原因是核素角动量大，而这恰好禁止了向小角动量的低能激发态跃迁，从理论上还可推出核素内存在着大量的反转电子。塞格雷和西博格追寻并找到了这种电子。1938年9月14日，他们向《物理评论》杂志写信报告了这一发现。若干年后，核素的同核异能被用作效力很大的诊断工具，成为核医学的主要支柱。到伯克利后不久，许多学生都意识到塞格雷工作的意义，并自愿同塞格雷合作。吴健雄是第一位。她是一位来自中国的高颜值、高智商女子。当她认识到在塞格雷这里能学到真东西后，就加入到他的工作中来。

1939年初，哈恩和斯特拉斯曼发现核裂变的消息传到了伯克利，人们立刻进行了重复实验。在重复哈恩和迈特纳轰击的铀箔靶中，除发现铀-239半衰期为23分钟的放射性外，还显示出另一种半衰期约为2日的放射性元素。塞格雷着手从化学上对此进行研究，他怀疑这是半衰期23分钟放射性物质的β衰变产物，因而是质量为239的93号元素（镎）的一种同位素。但塞格雷没想到93号元素的化学性质会与稀土元素相似，因此错误认为这是留在铀箔中的由重稀土元素构成的裂变碎片，这使他失去了发现93号元素（镎）的机会。随后，塞格雷与朗斯多夫及吴健雄合作，对裂变产物进一步研究，从而发现了氙（Xe-135）是海量的中子吸收者。

1940年初，伯克利建成了60英寸回旋加速器，可以将α粒子加速到能够穿透重元素的能级。塞格雷立即提议用α粒子轰击铋靶，以期获得失踪的85号元素同位素,他描述了生成85号元素的计划。几天后的一个早晨,两名研究生科诺和科森按照塞格雷提议的思路,用回旋加速器引出的α粒子轰击铋靶时,观察到了许多巨大的脉冲。塞格雷立即对这一结果进行化学分析,确信这就是卤族元素中最末的85号元素,他们把它命名为砹(意为不稳定)。

塞格雷在伯克利也参与了最终将导致发明核武器的一些前期基础性研究,即对核燃料钚(Pu-239)的分离及性能的早期研究。这个研究始于1940年6月,当时劳伦斯实验室的麦克米伦用氟轰击铀,然后利用他和艾贝森以前发明的化学方法从中离析出一种来源于镎的放射性物质,当它进行β衰变之后,他发现其残留物中仍可发射出α粒子。他猜测这种现象可能与残留物中存在着94号元素钚有关。对此,塞格雷和肯尼迪、西博格、瓦尔等人合作进行了更深入研究。他们采用慢中子轰击铀,最后测出了钚的裂变截面。开始阶段,他们只是在化学上利用一种稀土载体将镎从受过轰击的铀中离析出来,并让它衰变,但这样得到的样品质量略大、纯度不够,无法对其α放射过程和裂变过程进行精确测量。1941年5月,瓦尔利用他发明的新离析法将这个试样提纯薄化到约200毫克,然后由塞格雷、肯尼迪和西博格对其进行了物理测量。随后几个月,他们基于实验数据推断出这个试样所含的94号元素的质量,并根据其质量和α放射性强度计算出了该元素的衰变周期。对其慢中子轰击导致裂变的截面实验与计算,也得到了相当好的结果。到1941年5月,已经能够确定钚的慢中子裂变截面与铀-235基本相等,它的衰变周期大约为25000年。至此,他们已得到了具有实践意义的结果，即钚用作核燃料或核爆炸物是可行的。这个结果，开辟了释放核能的一条新途径。塞格雷、肯尼迪、西博格和瓦尔联名向《物理评论》写信报告了这一重大成就。

在西拉德和爱因斯坦的建议下，1940年2月，美国政府制定了"曼哈顿计划"。1943年3月，塞格雷接受奥本海默的邀请来到洛斯阿拉莫斯国家实验室，加入了曼哈顿计划研制原子弹的核心工作圈，并成为其中重要角色。

要使原子弹正常爆炸，首先必须把足够质量的裂变材料聚集起来，然后注入能够引发链式反应的中子。聚集前注入的中子不仅会降低原子弹的效力，还将使其发生不可预料的"提前起爆"。尤其对核材料钚，由于其矿物中杂质而带来的高强度 α 放射性会产生轻元素杂质，从而释放出多余的、不必要的中子，导致裂变材料提前起爆。解决的办法就是设法去除杂质，将钚提纯到极高纯度。这项工作既需要技巧，也需要耐心。

1943年6月，塞格雷在洛斯阿拉莫斯峡谷中找到一处林务员遗弃的名叫"小鸟"的林间小屋，作为自己团队的研究场所。之所以要远离洛斯阿拉莫斯国家实验室本部，是为了防止那里的放射性干扰。他们在峡谷的顶端安装了探测仪器，以保障不受放射线带来的干扰和危险。他们在这个简陋的"实验室"里首次进行了自发的裂变实验。实验不但证实了钚-240是用中子辐照钚-239所生成的具有高自发裂变率的同位素，而且还观察到钚-240生成后使样品的自发裂变增多。这一发现导致洛斯阿拉莫斯的工程出现急剧转折，把主攻方向由铀弹转向钚弹，第一颗投于广岛的原子弹就是用的钚材料。在塞格雷的领导下，他实验室的助手之一、加州理工学院发现正电子的著名物理学家安德森的学生奈德梅耶，在此发明了一种原子弹的内向爆炸法（即爆聚法），用此可以避免原子弹提前起爆问题。同时，冯·诺伊曼、泰勒和费米等人也对爆聚法的理论分析做出了贡献。

1945 年 7 月 16 日 5 点 30 分，在洛斯阿拉莫斯 20 英里以外的霍尔纳多，一阵强光照亮了大地，其亮度远超中午的阳光。这就是世界首次原子弹爆炸的场景。有一个现场的小故事，说试验爆炸发生后，费米迅速站起来向空中扔出一些小纸片，并测量了其在冲击波中飘扬的速度，并立即取出一张移动速度与爆炸能量之间函数关系的计算表，由此得到爆炸能量的即时估计……

原子弹爆炸试验成功，甚至超出了预料的结果。这是大量科学家夜以继日工作的成果，其中也包含了来自意大利的犹太科学家塞格雷数年的心血。但他的眼光并没有局限在这项战争科技的范围，而是继续思考着科学本身的进展及其基础问题。

四、反质子的发现

在二战即将结束的 1945 年 7 月，塞格雷辞去了洛斯阿拉莫斯的职位回到伯克利担任加州大学教授，重新回到了自己的研究领域，终于也有机会着手进行一些长期以来很感兴趣但被战争中断的研究课题了。

塞格雷一直认为，核子之间的相互作用是一个非常值得考察的领域，而且已经有许多著名理论物理学家在理论研究方面提出了有洞察力的见解，例如日本的汤川秀树提出核子之间的力是一种基本的自然力，π介子是传递这种力的媒介等。但在实验方面还处于差强人意的状态，所以是一个很有潜力的领域。以前因为装备的限制，只能在低能量条件下进行一些实验。现在，随着大科学装置的进步，可以利用较高能量进行更高角动量态的实验，从而获得意义更大的新信息。特别是伯克利加州大学劳伦斯实验室迅速发展的加速器为此提供了独一无二的良机。1946年底伯克利劳伦斯实验室应用了频率调制和稳相原理的184英寸同步回旋加速器投入使用，并于1947年起用中子射束进行中子—质子间碰撞的研究。这为塞格雷提供了独一无二的机会。

在此期间，塞格雷周围也开始形成了一支以助手、博士后和研究生为骨干的研究团队，其特色就是以核子碰撞实验为中心，用大科学实验方法研究核子等微观粒子。团队的骨干包括年轻科学家张伯伦，他也曾在塞格雷的手下参与了洛斯阿拉莫斯的核武器研究工作，之后，于1946年去芝加哥在费米指导下取得了博士学位。1948年夏，张伯伦回到伯克利担任讲师，重新加入到塞格雷研究小组中。其他重要成员还有约克、威甘德、伊普西兰蒂斯和高德哈伯等。他们在实验中不仅测量粒子的完全碰撞截面，而且也测量其偏振、关联作用等一系列参数，所以搜集到异常丰富的实验数据，并从这些数据中得出关于s、p、d等分波的相移情况等。这些工作不但对于验证当时已有的核子理论有很大意义，对于理论的进展也产生了重要影响。

当然，塞格雷团队最重大的工作，就是寻找并找到了理论所预言的一种反粒子——反质子。这最早起源于1928年狄拉克对于反粒子的理论预言，这个预言在1932年由于加州理工学院的安德森在宇宙射线中发现了正电子而得到证实。此后的多年中，实验物理学家们一直在宇宙射线中寻找其他反粒子，特别是反质子，但却一直没有结果。伯克利在设计184英寸高能质子同步稳相加速器的时候，劳伦斯和辐射实验室的物理学家们有意识地选择6千兆电子伏特的能量值作为实现目标，就与反质子的寻找有关联。1947—1955年，伯克利劳伦斯实验室的多个研究小组从不同角度参与了搜索反质子的行动，而塞格雷小组是其中的主角。塞格雷确定了两个进攻方向：一是着眼于确定粒子的电荷和质量，二是集中力量观察趋于静止的反质子在湮灭时的伴生现象。按照第一个进攻方向，塞格雷和张伯伦、威甘德、伊普西兰蒂斯设计建造了一个质谱仪，它具有若干新的技术特色。按照第二个进攻方向，当时在塞格雷小组中工作的高德哈伯负责把照相乳胶暴露到他们设备所产生的可能富含反质子的射线区域中去"感光"。最终的探测工作在1955年8月25日启动，几天后就观察到了反质子的信号。对反质子的识别依据，主要是测量粒子的速度、动量和所带电荷的情况。速度信号就是示波器上的踪迹，它记录一个粒子通过有速度选择作用的契伦科夫探测器的路径，并由同一粒子飞越两台探测器之间距离所用的时间来确证。粒子径迹给出其动量及电荷的信号，速度和动量决定着粒子的质量，再与电荷的信号一起考虑，便可以识别它们是否为反质子。此外，他们还通过检验证明，能量低于阈值的质子不会产生相应的信号。他们在实验中观测到大约可以在每隔几十万个粒子通过设备时探测到一个反质子,这种很好的信号以每几个小时一次的频率出现,塞格雷认为这个新发现的粒子就是寻找中的"反质子"。1955年10月1日,质谱仪实验已完全证实了反质子的存在,此后不久乳胶方面的工作再一次确证了它的存在。随后,塞格雷小组分别通过《物理评论》和《自然》杂志公布了这一重大发现。

反质子是当时发现的第二个反粒子,是继正电子发现以后人类揭示反物质世界奥秘的又一重大成就。以此为起点,迄今为止,人类已经发现了几乎所有相对于强作用来说比较稳定的粒子的反粒子。

由于这项工作,1959年,塞格雷收到一封来自瑞典科学院的正式电报,通知说该年度的诺贝尔物理学奖已被授予他和张伯伦,以表彰他们对反质子发现所做的贡献。

五、晚年的志趣

二战后物理学的研究方式发生了巨大改变,特别是实验物理,离开大型设备已经不大可能,从法拉第到卢瑟福的那种依靠个人技巧和简单装置就能获得重要进展的时代已成过去。随着研究队伍的日益庞大、新设备装置的不断更新、工程协作的经常化,对项目研究组织者的要求也越来越高。他们不但要精通本专业的知识,还得随时了解纷至沓来的相关新知识,例如计算机数据处理等。所以在发现反质子之后的20世纪50年代后期,已过知天命之年的塞格雷清楚意识到,大科学研究已经是年轻人的事业,自己的角色应该发生转变。

实际上，塞格雷从一开始就是个兴趣广泛的人。在科学领域内，他不但是杰出的科学家，同时还是一位勤勉的教育者。在大学任教时，他教授过的内容遍布了物理学各个分支学科，包括物理光学、量子力学、光谱学、热力学和原子物理学等。学生对他的授课方法非常欢迎，认为他的讲课虽不像其他人那样精雕细琢，但却很有创意，是一个实干科学家的经验之谈。他在讲课时能从较高水平上引申出具有科普文风的那种通俗明白的表达，不仅仅给听众提供技术性的具体信息，还同时把人们的理解力提高到他们从未达到的高度。

中年之后的塞格雷更成为一个专注的核科学传播者。1946年后，他采用贝特的著名论文集、费米演讲集以及他本人的一些非常重要的笔记作为蓝本来讲授核物理学。当这些书不能反映最新的研究进展时，他又花了5年时间，于1963年出版了《原子核和粒子》一书，作为自己和其他相关人员的教材。这本书至今已被翻译成了多种文字在全世界传播，并被多次重新修订再版。此外，他还根据战前盖革和谢尔主编的德国《物理学手册》的样式，编辑了一部大型的实验核物理学手册，这是一件价值极大的工作。由于核物理学的发展，任何一个人在当时都不可能单独写成整部书，每一章的撰写都需要一个甚至更多掌握第一手材料的专家。塞格雷组织了一个专家组，并且指导编辑工作，最终完成了三卷本的《实验核物理学》。第一卷于1953年出版，最后一卷出版于1959年。这部著作十分成功，成为核物理学工作者的案头必备工具。塞格雷还是《原子核科学年鉴》的创始人，是这项事业的骨干人物，从1952年成为编辑开始担任这项工作,一直到 1977 年卸任为止。

塞格雷从小就喜欢科学的历史,阅读过大量有关物理学史、化学史、数学史等各个学科历史方面的书籍,可说是个科学史的终身爱好者。年轻时他作为一位活跃的科学家,亲身经历了许多科学进展的重大事件,接触到许许多多重要的历史人物,他也能够意识到这是在自己研究工作之外所获得的一份宝贵财富。1950 年以后,他把科学史研究作为自己的职业使命之一,开始写作和记载自己所经历过的那些科学中的光辉岁月。为此,他与麻省理工学院的科学史家库恩过从甚密,在库恩收集量子力学原始资料这一艰巨的任务中,塞格雷给予了巨大帮助。1960 年前后,塞格雷自己开始作科学史方面的演讲,他参加了在纽约召开的第十届国际科学史大会,并作了萨顿演讲,主题为"发现中子的后果"。继而又在伯克利加州大学作了一系列有关 20 世纪物理学的演讲。这些演讲构成了他那本著名的科学史著作《从 X 射线到夸克——近代物理学家和他们的发现》的雏形。该书最后于 1976 年出版,迄今已被翻译成了意大利文、法文、德文、希腊文、日文、西班牙文、葡萄牙文、希伯来文和中文等各种文字版本。

物理学大师费米去世后,塞格雷作为费米早期的学生和朋友之一,写成了《恩里克·费米》一书,此书由意大利林琴科学院(1961)和芝加哥大学出版社(1965)出版。继《从 X 射线到夸克——近代物理学家和他们的发现》之后,塞格雷还完成了他的姊妹篇《从落体到无线电波》一书。他的这些介于科学史和科普之间的著作,都有一个明显的共同特点:叙事简洁明了,文笔活泼流畅,向读者展示了物理学发展历程中一幅生机勃勃的画面，成为科学史研究者和爱好者的入门读本。他还以日记、手稿和大量可以找到的文献作为第一手资料，写成《永动的心智》的自传体科学史著作，展现了他那非同寻常的科学经历。从他极度率直但又宽容的性格及其对人和事的见解中，读者能真实地感受到他那做人的智慧和亲切的人文关怀。

塞格雷一向热爱大自然、酷爱户外活动，年轻时喜爱爬山和远足，中年时曾多次到俄勒冈的罗格河以及蒙大拿的萨莱门河上进行放筏漂流，充分享受置身荒野的那种自然粗犷的景致和颇具浪漫色彩的历险。随着年龄和身体状况的变化，他享受大自然的方式也发生了改变。年老时钓鱼和采蘑菇成为他的嗜好，他积累了垂钓各种鱼类的丰富经验，并把它传授给志趣相投的朋友们。到了古稀之年，他还频繁地接受来自国外的讲学邀请，曾到过南美、北欧、亚洲、非洲、苏联等不同信仰、不同制度的地区和国家进行学术交流和访问，是一位勤勉的科学文化使者。

1989年4月22日，这位在意大利出生和成长、在美国伯克利建功立业的伟大科学家与世长辞，享年84岁。

（作者：杨庆余）

吴健雄

与诺奖擦肩而过的华人女实验物理学家

吴健雄

(Chien-shiung Wu, 1912—1997)

吴健雄出生于江苏太仓浏河镇。她对 20 世纪的实验物理学有一系列重大贡献，其中最为人称道的是 1956 年夏天至 1957 年 1 月完成的用钴 -60 做 β 衰变的实验。这个实验发现了宇称在弱相互作用下的不守恒，推翻了一个被当时物理学界的绝大多数科学家视为不容置疑的"宇称守恒定律"，打开了物理学的新视野，奠定了她在物理学史上的不朽地位。

一、与李、杨一起促成了现代物理学上的重大发现

1957 年，对全世界的华人来说，是具有特殊意义的一年。两位华人物理学家——李政道、杨振宁——以他们革命性的贡献得到了这一年的诺贝尔物理学奖。这是华人科学家首次获得这种奖励。

李、杨获奖的原因是众所周知的。1954 年至 1956 年间，在对最轻的奇异粒子（即后来称为 K 介子的粒子）衰变过程的研究中，人们发现，有一种粒子衰变成两个 π 介子，称为 θ 介子；另一种粒子衰变成三个 π 介子，称为 τ 介子。精确的测量表明 θ 与 τ 具有相同的质量、寿命、电荷等性质，是同一种粒子。但是，从角动量和宇称守恒的要求看，θ 与 τ 不可能是同一种粒子。一时间，这一疑难困扰着物理学界，成为热门的"θ-τ 之谜"。大多数物理学家认为这是两个不同粒子，只是它们的怪异之处还无法解释。一直关注着

这个问题的李政道、杨振宁到1956年春天想法有了突破。他们怀疑是不是物理学家一直相信也的确很可靠的宇称守恒只在强作用下是管用的，而在弱作用下不一定管用。如果这个假定成立，那就可以把 θ、τ 看作是同一种粒子的两种不同的衰变模型。这样谜题就解开了。于是，他们从这一方面着手，检验了大量的理论文献和实验资料。他们吃惊地发现，到那时为止，所有已经做过的实验都没有证明过弱相互作用中宇称是否守恒，都与弱作用下宇称是否守恒问题无关，而整个物理学界竟然没有人注意到这个情况。到6月，他们完成了关于这个问题的一篇论文。

李、杨论文的题目是《弱相互作用中宇称守恒的探讨》，发表在1956年10月1日出版的《物理评论》第104卷第1期第254页至258页。编辑部标注的收稿日期是1956年6月22日。没有任何迹象表明编辑部特别重视这篇稿子。在这个由美国物理学会主办的大型刊物上，这个时期每年发表的论文和实验报告在1000篇以上，合订起来有五六千页（16开本），有关的作者多达两三千人（次）。李、杨的这篇后来得了诺贝尔奖的论文排在这一期的45篇论文的倒数第二篇，今天要从这城墙砖一般厚重的期刊合订本中找到它，还得有点耐心。

李、杨论文共有5个页面，包括1个引言、6节正文和1个附录。引言交代了问题的背景和他们立论的核心意图，从这里可以清楚地看到，他们是如何从对新近的 θ、τ 实验数据的评述进入到对弱作用下宇称问题的思考，显示了杰出的理论物理学家所具有的敏锐洞察力、出色批判力和对于物理学普遍规律的执着关注。六节正文的题目分别是现在的实验不涉及宇称不守恒、β衰变中宇称守恒的探讨、β衰变中宇称守恒的可能的实验测试、介子和超子衰变中宇称守恒的探讨、介子和超子衰变中宇称守恒的可能的实验测试、讨论。附录是一个数学计算,说明:

> 初看起来大量与β衰变有关的实验可以证明弱β作用中宇称是守恒的,但我们仔细检查之后发现事情并非如此。

整篇论文的内容,就是极其简明的论文摘要所概括的两句话:

> β衰变和超子与介子衰变中的宇称守恒问题已被检查过。建议在这些相互作用中可以测试宇称守恒的可能的实验。

遗憾的是,并没有多少人响应他们的建议。因为从来没有人做过这样的实验,而且实验的条件和要求也很复杂。只有一个人为之心神不宁,这个人就是吴健雄。吴健雄对宇称问题原本并未很在意,在李政道第一次向她介绍他与杨振宁研究的这个问题时,她就感到了问题的重要性。在为李政道、杨振宁的构想提供参考意见的几次讨论后,她决定立即着手李、杨建议的实验中的第一项实验。几个月之后,她和国家标准局的科学家安伯勒等合作的实验完成了,得到了明确的结果,从而肯定了李、杨对弱作用中宇称是否守恒的质疑,探明了"宇称守恒"定律不适用的范围,促成了一场

"对称性革命"。

吴健雄是第一个看出了李、杨宇称质疑的深刻意义、第一个组织实验进行探查、第一个发现宇称在弱作用下不守恒的实验物理学家。物理学定律是不分左右的,这是自从近代物理学创立以来一直毫无疑问的基本原理。这样一种观念牢牢地占据了物理学家的头脑,宇称不守恒根本没有进入他们的视线和头脑。当时在物理学前沿有影响的物理学家,都不相信宇称会出现不守恒的情况。那时的许多一流的物理学家,如费曼、布洛赫、泡利等,都对李、杨质疑很不以为意。在吴健雄之后接任美国物理学会会长的拉姆齐当时曾想做这个实验,但经费曼一说,未能坚持。与吴健雄同在哥伦比亚大学物理系的低温物理学家加尔文在得知吴健雄的实验结果后,曾很快做出了李、杨建议的另一项实验。当初吴健雄曾争取过与他的合作,但由于他并不看好这个课题,忙着他认为更重要的工作而没有答应。

选择什么样的物理学实验是对实验物理学家眼力、品位和能力的检验。物理学杂志上有着各种各样的实验构想,实验物理学家既受到本身知识、经验的限制,又受到实验设备、实验经费等条件的牵掣,只有确信自己所要做的实验的意义,才能投入人力、物力、财力去做这项工作。杨振宁曾说:

> 吴健雄的工作以精准著称于世,但是她的成功还有更重要的原因:1956年大家不肯做测试宇称守恒的实验,为什么她肯去做此困难的工作呢?因为她独具慧眼,认为宇

称守恒即使不被推翻，此一基本定律也应被测试。这是她的过人之处。

现在的人们（包括许多物理学家和科学史专家）往往单说李、杨"发现了弱相互作用下的宇称不守恒"，如果同时讲到李、杨、吴，则说李、杨"发现"，吴等"证明了李、杨的发现"。可以肯定地说，这两种说法都很有商榷的余地。实际上，李、杨他们并没有发现宇称不守恒。杨振宁后来回忆当时的情况说：

> 在那个时候，我并没有押宝在宇称不守恒上，李政道也没有，我也不知道有任何人押宝在宇称不守恒上。

对于杨振宁和李政道这样的话，人们似乎并没有给予应有的注意，以为他们因为吴健雄而在说客气话。的确，对于杨振宁、李政道赞赏吴健雄的话，人们有理由抱着更审慎的态度来对待，因为杨、李得吴健雄之助一举成名，他们的说法中难免有感情因素。但是，我们仔细研读李、杨的论文可以发现，杨振宁这句话不过是他们论文引言第二段一个意思的另一种说法，丝毫没有故意为吴健雄说话。论文说，通过对已有实验的检查表明，宇称守恒在强相互作用和电磁相互作用中是高度准确的，但在弱作用（如介子和超子衰变中，以及各种费米相互作用中）宇称守恒到目前为止只是没有实验证据支持的外推的假设。接着，李、杨特意用括号说明，或许有人以为 θ-τ 之谜可以看作是宇称守恒在弱作用下被打破的一个指示。不过，由于我们现在有关奇异粒子性质的知识不足，这个论据还未可确信。它所提供的只是刺激宇称守恒的探索性实验。事实上，李、杨全文没有一个地方说他们"发现"了弱作用中的宇称不守恒，无论是计算发现、推理发现还是实验解释发现。

还有一种相当流行的说法：

> 李、杨提出了宇称在弱相互作用中不守恒的原理，吴健雄等的实验证明这个原理是正确的。

事实上，在实验完成之前，物理学理论和实验数据中没有任何资料可供用来支持宇称在弱作用中不守恒，李、杨对究竟有没有这个现象并没有断定，只是分析了以往的实验为什么没有触及弱作用中的宇称问题，用什么实验能够检查弱作用中的宇称情况，以及如果弱作用中宇称不守恒，还可能会进一步发现什么。所谓"提出原理"一说，也值得商榷。

究竟应该怎样看待在这场物理学理论变革中由李、杨与吴健雄分别代表的理论和实验两方面不同的地位，是个值得从物理学史的角度认真研究的问题。实际上，这里是两项发现，两项紧密相关而又应该有所区别的发现。李、杨从 θ-τ 问题，深入到弱作用中的宇称问题，通过研究发现弱作用中的宇称守恒未曾有实验证据。李、杨在这件工作上的贡献在于：所有在物理学前沿的科学家中，没有人看出物理学大厦在这里存在问题，也没有人指出应该在这个方向集中力量做研究，而他们指出了值得研究的方向，提出了一个清晰的研究思路，从而指引了物理学研究的新领域。这是一个发现，发现了问题和解决问题的方向与途径。吴健雄率先组织实验探测弱作用中宇称情况，发现弱作用中宇称是不守恒的。这是另一个发现，发现了人类从未见过也从未检查过的自然现象（自然规律）。这两项紧密相关而又有所区别的发现，打开了物理学的新视野，促成了人对自然认识的一个根本性变革。所以我认为，应该把宇称在弱相互作用中不守恒的发现称之为"李－杨－吴宇称发现"。这样才能对这场物理学史上堪称革命的事件在理论与实验两方面不同的贡献，给予公允的表述与评价。

"李－杨－吴宇称发现"深刻地改变了我们原先对自然的看法，对物理学产生了重大而深远的影响。没有"李－杨－吴宇称发现"，就不会有弱矢量流守恒定律的发现，也就不会有弱作用与电磁作用统一的发现。这些都已为物理学后来的发展所证明。

"李－杨－吴宇称发现"是华人科学家第一次在纯科学研究领域中产生了轰动世界的影响，它对于改变华人在世界科学发展史上的地位和形象，具有重大历史意义。中华民族的文明历史上，将永远记载着他们的伟大贡献。

二、未曾得诺贝尔奖，令人扼腕与不解

李政道、杨振宁因指引宇称发现而获得了1957年诺贝尔奖，实际做出这个发现的吴健雄却被拒之门外。除了李政道、杨振宁、丁肇中、李远哲这些华人科学家，吴健雄在伯克利的老师奥本海默、塞格雷，哥伦比亚大学的拉比，以及 R. B. 威尔逊、斯坦伯格、莱

德曼、拉姆齐、西博格、阮瓦特等多位物理学大咖,至少有10位诺贝尔奖获得者认为吴健雄应该得到诺贝尔奖。著名科学报道专家江才健在1989年至1996年撰写吴健雄传时,曾经飞行3万多英里,在欧洲、美国、加拿大访问了50多位相关人士,其中包括前述人物中仍然健在的人士,为我们提供了大量第一手材料。

首先是奥本海默,他在向吴健雄通报1957年诺贝尔奖评审结果的第一时间,即表示了惋惜。1957年10月,吴健雄在纽约州北部一个大学讲课,奥本海默突然打来电话,告诉她说:"杨振宁、李政道得到了今年的诺贝尔奖。"那时候还担任普林斯顿高等研究所所长,对杨、李、吴的工作都很了解的奥本海默,为此举行了一次晚宴,邀请吴健雄和杨、李等人参加。他在晚宴前作了简短的讲话,表示这次宇称不守恒发现有三个人功劳最大,除了杨、李之外就是吴健雄。他特别强调不可忽略吴健雄的贡献。在这一年诺贝尔奖颁奖之后,奥本海默又公开表示吴健雄也应该得到此项荣誉。他曾经特别指出,懂得如何做出宇称不守恒的β衰变效应的,只有吴健雄和在伯克利指导她的老师塞格雷两人。塞格雷在他的《从X射线到夸克——近代物理学家和他们的发现》一书中认为,宇称不守恒可能是战后最伟大的理论发现,它消除了一种偏见,这种偏见未经足够的实验验证,就曾被当成一条原理。而在这个发现中做出最大贡献的,是李政道、杨振宁、吴健雄三位华人科学家。

20世纪30年代主持哥伦比亚大学物理系,并将之发展成为美国最顶尖物理中心的拉比,1986年在一项公开聚会演讲中指出,"吴健雄应该得到诺贝尔奖"。吴健雄在伯克利时期的同学,曾经一手创建起位于芝加哥的费米国家实验室的 R. B. 威尔逊也说，吴健雄应该得诺贝尔奖。

在年轻时就和杨振宁、李政道相熟，和李政道、吴健雄同在哥伦比亚大学共事的斯坦伯格以为：

> 当年颁奖没有把她包含进去是个大遗憾，李政道和杨振宁提出理论构想，但是宇称不守恒毕竟是由她做实验发现的，我认为这是更重要的，而且在此之前，她已经在我们的领域有突出成就，我非常不能理解授奖委员会的决策。

1988 年斯坦伯格得到诺贝尔奖之后，美国科学界有广泛影响力的《科学》杂志刊出了一篇文章，报道他和莱德曼，以及当年哥伦比亚大学的物理学家、后来改行开电脑公司的施瓦茨。那篇文章说，斯坦伯格和许多其他人都有相同的观点，认为吴健雄应该是 1957 年诺贝尔奖的共同得奖人。斯坦伯格与奥本海默、吴健雄一样，也是李、杨论文末了表示谢意的五个人中的一个，是参与这项工作的较小圈子中的一个，较早知道他们的研究，并给予过有益的建议。

和吴健雄研究领域相近，1989 年诺贝尔物理奖得主拉姆齐，以及早年与她同时在伯克利的加速器上做实验、1951 年诺贝尔化学奖的得主西博格，也都认为吴健雄毫无疑问是应该得诺贝尔奖的。

20 世纪 40 年代到 50 年代，吴健雄在哥伦比亚大学的同事，并且合作进行实验、1975 年诺贝尔物理学奖得主阮瓦特，在获知自己得奖后,打电话给吴健雄,认为她远比自己更有资格得奖。

20世纪50年代,在吴健雄任教的哥伦比亚大学得到博士学位,后来成为杰出粒子物理学家,并担任了长岛布鲁克海文国家实验室主任的沙缪斯,他的观点代表了后一辈科学家中不少人的观点。他说:

> 我一直以为她(指吴健雄)已经得到了诺贝尔奖。在我看来,她是属于那个应该得诺贝尔奖圈子中的人。

和吴健雄同行的著名科学家,曾经担任在日内瓦的欧洲最重要高能物理实验室(CERN)主任、欧洲和德国物理学会会长的夏帕认为,吴健雄绝对应该和杨、李同时列名于诺贝尔奖之中,因为是她头一个做出实验结果的。

至于一般的科学家,我们可以举出福爱的看法作一个代表。福爱是美国屈指可数的女性物理学家和女性参与科学的推动者,她和她丈夫对大气中原子弹试验造成的放射性危害的研究,促进了在大气中试验原子武器的停止。这位极有个性、好打抱不平的女物理学家,在她的自传体回忆录中,不止一次地说到吴健雄。她为吴健雄辩护,说:

> 吴健雄应该与李政道、杨振宁共享1957年诺贝尔物理学奖,李、杨做的是理论方面的工作,而她用极其漂亮的实验证明他们是正确的。

有物理学背景的科学报道专家、不列颠百科全书物理学作者和编辑夏龙·麦格瑞尼,通过大量采访后撰写了《诺贝尔科学奖中的女性》一书,其中用专章介绍了吴健雄的工作。这部书一共介绍了14位科学界女性,其中9位是诺贝尔奖得主,另有包括吴健雄在内的5位没有得到诺贝尔奖的。但作者认为她们"在获得诺贝尔奖的项目中起了决定性的作用"。作者认为:

> 这些女性在大学作为学生寻求得到科学教育和从事她们心爱的科学研究与发现事业,都遇到了严酷的歧视。

这是代表科学报道界和评论界的一种看法。

考察一下当时诺贝尔物理学奖的授奖情形。从1901年至1956年,有66位得奖者。其中主要从事实验、实验技术或者实验分析和研究并获得重要发现、发明或测量结果而获奖的,有51位,约占77%。理论性的贡献或基本上是属于理论研究的有15位,约占23%。1957年至吴健雄去世的1997年,有88位得奖人。其中主要从事实验、实验技术或者实验分析和研究并获得重要发现、发明或测量结果而获奖的,有54位,约占61%。理论性的贡献或基本上属于理论研究的有33位,约占39%。大体上前50年更重视实验类结果,后50年略微朝着重视理论类贡献方面倾斜了一点点。前期偏重实验的结果,以致爱因斯坦不能以他最为重要的理论工作相对论而得奖,只能以光电效应这样似乎更偏于实际的工作获奖。因为略向偏重理论方面的调整，以致吴健雄实验发现宇称在弱相互作用下的不守恒的实验没有给奖。在前后相继的两个 50 年中，诺贝尔物理学奖趣味性的微妙变化，或许是吴健雄不能获奖的一部分原因。但是总的来说，诺贝尔物理学奖是很重视实验成果的，得奖者中实验与理论占有的比重是 68.8% : 31.2%，而不是一半对一半。在这样的总体背景下，宇称在弱相互作用下不守恒的重大发现，只给予理论方面的奖励而未给予实验方面的奖励，似乎并不符合诺贝尔奖的一贯精神。何况，就吴健雄来说，其贡献并不只在宇称不守恒问题上的发现。

三、堪与一流物理学家比贡献

我们可以比较几个与吴健雄有些类似的实验物理学家，或与吴健雄的工作类似的实验物理学项目。

其一是密立根。密立根的名字在中国科学界并不陌生，他是李耀邦、颜任光等中国最早一批物理学博士的老师，为中国培养了周培源、赵忠尧、钱学森、钱伟长、谈家桢、卢嘉锡等现代科学的先驱或中坚。密立根荣获 1923 年度诺贝尔物理学奖，其主要贡献是 1910 年发明了油滴法，精密测定电子电荷，证实电荷有最小单位，1916 年又用实验证实了爱因斯坦光电效应方程的有效性。物理学史著作和著名科学家传记对他的这些贡献都有具体介绍。

吴健雄的贡献与密立根的有不少类似。吴健雄一生的工作主要在 β 衰变上。她使 β 衰变成为"最敏感、最实际和最有力的""研究弱相互作用的探测手段"，"一次又一次地对研究弱相互作用起了重要作用"。她有 15 项重要的科学工作，包括：（1）关于韧致辐射和核裂变的研究（1938）；（2）β 谱的形状（1946）；（3）宇称不守恒（1957）；（4）矢量流守恒假设（1962—1964）；（5）双 β 衰变和轻子守恒（1970）；（6）第二类流 CVC 理论（1977）；（7）放射性和能级图；（8）奇特原子；（9）穆斯堡尔谱学及其应用；（10）湮没量子的本征宇称；（11）康普顿散射湮没光子的角作用和隐变量；（12）血红蛋白；（13）正电子偶；（14）粒子探测和仪器；（15）超低温核物理。吴健雄时代与密立根时代有一个很大的不同，密立根时代的物理学发现，大都可以很容易让公众明白，并且其中不少能很快转化为公众的常识，而吴健雄时代的物理学发现，即使是高级知识分子，如果不做物理学研究，也所知不多。就是想了解，也不那么容易。所以对于吴健雄的物理学贡献，一般人是没有什么概念的。根据我国物理学家陆埮院士的看法，这其中至少也有三项重要贡献，一个物理学家如果做成这三项中的任何一项，就可以名垂青史了。

除了本文第一节中已经说过的首次发现弱作用宇称不守恒这一项，另两项是 β 衰变理论检验和首次对弱作用矢量流守恒的证明。

β 衰变是物质放射性的三种表现形式之一，其发生过程是一种重元素原子的核子会自动发射出超高速的电子和中微子，从而使该元素在此过程中转变成另一种元素。β 衰变是三种放射性现象中最神奇、最微妙的一种，它是核物理中的一种典型弱作用过程。通常而言，电子是围绕在原子之外的，并不存在于核子之中。不过，在 β 衰变的过程中，核子里的中子会分裂形成一个质子、一个电子和一个中微子。电子和中微子以极高的速度从核子迸出，会使核子失去极多的能量。而质子仍留在较为稳定的新核子之中。在吴健雄开始研究β衰变时，人们已经知道费米在中微子假设基础上提出的β衰变理论，但是这个理论还没有被证实，中微子也还没有被发现。费米理论所预言的β能谱包括有允许谱以及各级禁戒谱。那时人们的实验结果甚至与最简单的允许谱也不相符合。特别是其低能端有过剩电子。吴健雄与艾伯特合作，将放射源做得足够均匀、足够薄，对 ^{64}Cu 的β谱进行了仔细的测量，消除了低能电子过剩，得到的结果与费米理论预言的允许谱符合得非常好。这个结果很快得到了许多人的证实。为了对费米理论进行彻底检验，还必须对各种禁戒谱进行测量。吴健雄与她的合作者进行了一系列实验，对禁戒谱（特别是唯一禁戒谱）的测量，也支持了费米的β衰变理论。吴健雄的这些工作澄清了当时存在的许多严重分歧，对于β衰变机制的确立起了关键性作用。加州理工学院的诺贝尔奖获得者威廉·福勒观察后说：

> 她的β衰变研究最重要的是不可思议的精密度，我们的实验室也做同一领域的研究，她比我们做得好……那些想重复她的实验以及与她竞争的人，发现她总是对的。

关于对弱作用矢量流守恒的证明，她是第一个做出成功实验的人。在宇称不守恒被发现后，弱作用的正确形式很快确定了下来，它是由矢量流和轴矢量流产生的。电磁作用是由电流与电磁势相耦合产生的。电流是一种矢量流,这种流是守恒的(即电荷守恒)。最早,葛尔希坦和泽尔多维奇于 1955 年就提出了弱矢量流也守恒的可能性,但那时人们甚至还不知道弱作用中是否有矢量流参与。只有到宇称不守恒被确立以后,人们才知道弱流由矢量流和轴矢量流组成(即所谓的 V-A 理论)。1958 年,费曼和盖尔曼才第一次正式提出弱矢量流守恒的假设。1963 年,吴健雄和她的合作者对 ^{12}B 和 ^{12}N 衰变 β 能谱进行了细致的测量,比较了它们的形状修正因子。虽然已有人做过这种实验,但终未获确切结论。吴健雄和她的合作者首次成功地完成了这个实验,确证了弱矢量流守恒。1977 年,吴健雄等又仔细分析了 1963 年的实验,用更好的 $β^+$ 衰变费米函数,以及分支比和 ft 等参数的新值,重新作了计算,再一次确认了弱矢量流守恒的结论。这个实验意义非常深刻,不仅建立了一条新的守恒定律,而且也为弱作用和电磁作用的统一成功地树立了第一块里程碑。

  第二个可以比较的例子,即实验发现"反粒子"。狄拉克在对亚原子的粒子的性质进行了数学分析后,认为每个微观粒子必存在着一个"反粒子",这才符合相对论波动方程逻辑推理的一贯性或对称性。他据此预言了"反电子""反质子"等的存在。狄拉克在 1927—1930 年提出这个理论。1932 年,加州理工学院的安德逊就发现:当高能宇宙射线穿过威尔逊云室中放置的铅板时,从铅原子中击出一些粒子,其中有一个粒子的轨迹和电子的轨迹完全一样。但弯曲的方向却相反!这就是说,这种粒子与电子质量相同,而电荷相反。这样,他从实验中发现了狄拉克的"反电子",他称之为

"正电子"。1955年，张伯伦和吴健雄的老师塞格雷用千兆电子伏高能加速器，加速质子轰击铜靶以后，终于找到了反质子。安德森、张伯伦和塞格雷都因上述业绩而分别获得1936年、1959年诺贝尔奖。狄拉克则早在1933年就因1927年提出的电磁场二次量子化理论而得到诺贝尔奖。在这一项"反粒子"的发现中，狄拉克的贡献是理论方面的，而安德森、张伯伦、塞格雷的贡献是实验方面的。从实验的手段、难度和结果的意义诸方面来看，都与吴健雄的宇称实验不相伯仲。

第三个相似的例子是实验发现粒子的波动性。1923年，法国物理学家德布罗意为了解释光的波动性和微粒性的矛盾，受到光具有波粒二象性的启发，提出像电子这一类公认为粒子的物质也应具有波的性质。1927年在纽约贝尔电话实验室工作的戴维森和助手革末，在一次偶然机会中获得一张电子在晶体中的衍射照片。英国的物理学家J. J. 汤姆孙也以类似方法得到了电子衍射照片。衍射是波动性的典型表现，只有波在经过小孔、狭缝、光栅或晶体点阵类光栅时才能形成衍射图像。电子波的存在证实了德布罗意的设想，他因此获得1929年诺贝尔物理学奖。戴维森和J. J. 汤姆孙因用实验证实了德布罗意波，证实了电子的波粒二象性，共享了1937年诺贝尔物理学奖。戴维森和J. J. 汤姆孙的发现，与吴健雄对费米β衰变理论的系统证明、弱相互作用中的宇称发现或矢量流守恒定律的证明比起来，也很难说谁的更重要或者更困难。

与吴健雄类似的还有弗兰克、赫兹、鲍威尔等。德国物理学家弗兰克和赫兹在1914年做电子轰击原子实验时，证实了玻尔的量子能级的跃迁理论，他们获得了1925年诺贝尔物理学奖。英国人鲍威尔1947年在升入高空的气球中，用特殊摄影技术，观察到宇宙射线中的介子，证明了日本物理学家汤川秀树1934年提出的介子理论。鲍威尔在1950年因此获得了诺贝尔奖。

如果我们跳出20世纪物理学的范围来比较，吴健雄的工作同样是物理学史中不可忽略的里程碑。不过这会涉及太多的人物和事件，此处暂且略而不论。

四、对她评价中的种种不公和误解，应该予以澄清

由于诺贝尔奖的巨大影响力，它反过来成为公众评判一个科学家水准的国际性尺度。获得诺贝尔奖的科学家被人们看作是一流科学家，而没有获得诺贝尔奖则是没有达到一流的水平，虽然这在实际上和逻辑上都没有充分根据。因为吴健雄没有得到诺贝尔奖，不仅社会上一般人对她没有应该有的认识，甚至物理学界或科学史界专家也往往人云亦云，对她没有做出应该有的评价。

1. 关于在实验中做出宇称不守恒发现的优先权问题

有人以为吴健雄的宇称发现并不是最先做出的，与她同时甚至比她还早的另有其人。因为加尔文、莱德曼、温瑞奇等人合作的实验报告与吴健雄等的实验报告发表在同一期《物理评论》上，并且编辑部的收稿日期标明都是1957年1月15日，这就使有的人做出了上述结论。例如：

莱德曼……最早在 $\pi-\mu-e$ 衰变过程对李－杨宇称不守

恒原理做出实验检验。和吴健雄的钴 60 实验同一天向《物理评论》提交论文。

事实上，虽然这两篇报告同时向《物理评论》提交，同时发表，但他们的实验却不是同时进行、同时完成的。在加尔文等人的报告中，明确写道：他们是在得知吴健雄等实验的初步结果后才决定开始做这个实验的。在这篇总共两个页面的报告中，有三个地方提到"吴健雄等的工作"。一处是在报告的开首，说明他们决定做这个实验是在吴健雄等用定向核 β 衰变得到初步结果之后。原话是：

> Confirmation of this proposal in the form of preliminary results on β decay of oriented nuclei by Wu et al. reached us before this experiment was begun. （本设想的确认，是在此实验开始之前，吴等人的定向核 β 衰变工作初步结果已为我们所知而引发。）

另一处是在报告正文的结束部分，作者感谢李政道教授给他们阐明李、杨论文，同时归功吴健雄教授在他们这个实验之前在哥伦比亚大学讨论会上做的有关钴 60 实验的初步结果的至关重要的报告。第三处是在尾注 6 中，标明他们所指的吴健雄等的工作，就是排在他们的文章前面的吴健雄等的《在 β 衰变中宇称守恒的实验检测》。由此可以推想，《物理评论》编辑部在收到这两篇内容相关的报告后，向作者做了详细了解。否则,加尔文等人如何知道他们的报告正好排在吴健雄等人的报告的后面呢?编辑部的这个细心而又负责的做法,消除了日后在这项发现问题上任何关于优先权争论的余地。所以,如同陆琰院士所说,吴健雄在这个问题上的首创性是没有任何疑问的。无论开始参与者有多少,后来加入工作者有多少,吴健雄是第一位首创者的地位是无人能够取代的,也无人可与之并肩而立。

2. 吴健雄与国家标准局合作者的主从关系问题

还有一种观点认为,吴健雄的宇称发现是与美国国家标准局的科学家一起完成的,实验设备是美国国家标准局的,人力也主要是他们的。没有国家标准局科学家发展的低温原子核极化技术,这个实验根本做不起来。和安伯勒等人有合作关系的泰默,在宇称实验做完后不久,就在一份杂志中写了一篇文章,指出这个实验如果没有国家标准局是做不成的。英国牛津大学的科学家、安伯勒和哈德森两人的老师、英国牛津低温物理实验先驱柯提,1958年3月在美国物理学会出版的《今日物理》杂志上刊出了一篇文章,题目是《原子核定向和原子核冷却》。文章除了交代这种技术发展经过和重要性之外,特别指出在宇称不守恒实验中,低温物理学家不可或缺而且是关键性的角色。他为他们的重要性被忽视而不平。泰默和柯提针对当时舆论中普遍认为"哥伦比亚大学推翻了宇称定律",不知道这项贡献与美国国家标准局的关系,没有给予国家标准局的低温物理学家应有的荣誉,站出来为他们辩护,无可厚非(李政道、吴健雄、加尔文、莱德曼等都是哥大人,哥大又通过新闻发布会等形式大力宣传），但由此导向抹杀吴健雄在这个实验中组织者、设计者、主导者的作用，则同样是不公平的。

对于吴健雄在 β 衰变方面的权威地位，美国国家标准局的科学家是相当尊敬的。他们承认，如果不是吴健雄来提议开始这个实验，他们是绝对不会也不能进行这个实验的。在他们共同联名发表的实验报告结尾，有一句"衷心感谢李政道和杨振宁教授和我们中的一人（吴健雄）所作的激发灵感的讨论"，也表明了他们是承认吴健雄在这项实验中的核心地位与源头作用的。我们对这几位科学家的科学成就整个情况所知甚少，无从评价，但有一些资料可以作为参考。1966 年出版的十五卷的《麦格罗希尔科技百科全书》，其中有一卷《麦格罗希尔现代科学人》，介绍 1940 年以来 426 位当代科学中的领军人物。其中有包括吴健雄在内的 7 位女性科学家，而未见有安伯勒等的事迹，由此可见，吴健雄在科学上的成就，无论是在那个时候，或者是在那之前、之后，和这项实验中的其他 4 名合作者都不是在同一个等级上的。

3．吴健雄等的宇称实验的灵巧性问题

虽然有很多实验物理学家和理论物理学家称赞吴健雄的实验为物理学史上"最漂亮的实验"或"最美的实验"之一，但也有人认为吴健雄的实验虽说精准，效率却不高。她的实验组用几个月时间完成的实验，后来人们只用几天就完成了。吴健雄的实验不算灵巧。

吴健雄生前对此批评似有回应。她曾经说，如果早知道实验观测到的不对称效应会是这么大的话，也许可以免去许多如此细密的

查验工作。但是，一向以细致、谨慎著称的她还是以为，周全的准备总是值得尽全力去做的。

更为值得注意的是，在李政道、杨振宁提出问题的时候，除她以外没有人愿意投入巨大的精力来对待这个问题。尽管用加速器产生的 μ 介子比她用 β 衰变能够远为容易地解决这个问题，但这也是后来才知道的。在不能确信会有如此重大的发现前，没有人相信，也没有人愿意做这样的尝试！科学发现在当时是困难的，知道谜底以后的实验则较为容易。创造性的实验正如亥姆霍兹所说的登山那样：

前面没有现成的路可以遵循，只能缓慢而又艰难地攀登，经常因为在前进的道路上遇到障碍而被迫折回，有时依靠判断，有时凭着运气，一小段一小段地探索前进，当他终于到达了预期的目的地时，却沮丧地发现原来另有捷径，只是他在开始时没有找到正确的出发点。

吴健雄等的宇称实验把低温核极化技术和粒子计数技术两项尖端技术结合在一起，又在两个不同的单位合作，本身就是一种实验方法和实验组织的创新，研究过程的困难是异乎寻常的，成功与否难以预料。其间经历多次失败，才逐渐接近正确的方向，获得可靠的结果。

对于这种只能在探索中前进的开创性工作，杨振宁也有类似的心得。他在回顾 1956 年的心路历程时说，研究像 θ 和 τ 之谜这样一个问题,一个人完全不知道到哪里去找答案,因此就很难集中在任何一个单一方向上去做研究。一旦一个人得到了解答的线索之后,他就能集中他所有的力量在求解答的工作之中。但是在那之前,他的思想总是在不同的地方停留,无法清楚地确定任何事情。

五、同时代华人女性科学家的杰出代表、中华民族永远的骄傲

女性接受科学方面的高等教育并进入到学术界,在世界历史上都是比较晚的事情。法国在 1861 年,英国在 1878 年,意大利在 1885 年,开始允许女性进入大学学习。但直到 19 世纪末 20 世纪初,女性接受高等教育仍有很大困难。很能说明问题的一个例子是诺特,她是为抽象代数学奠定基础的伟大女数学家,但她早年从求学开始就经历了一系列困难和歧视。她克服困难坚持读完了大学,并取得了博士学位。但仍然不能像男性那样谋到任何一种学术职位。非常赏识诺特的著名数学家大卫·希尔伯特在 1915 年邀请她加入他的哥廷根团队工作。他在试图为她争取一个无偿讲课的权利时都没有成功,申请被管理当局以"与法律不相符的要求"为由而拒绝了,因为当时条例规定只有男性才有开课的权利。在评审会上,希尔伯特愤而斥责:"这里是大学,而不是澡堂子!"直到数年后当妇女的法律地位得到改善时,诺特才终于获得了讲课的权利。但她后来因犹太人身份遭受迫害而移民美国,在美国培养了一大批优秀数学家后,她本人却一直只能担任副教授,直至去世也未能升任正教授。有人认为这也是某种性别歧视的结果。

在中国，女性受教育的权利是在19世纪末被提上日程的。光绪二十三年（1897），梁启超作《倡设女学堂启》指出，办女学堂，使女子接受教育，这样，"上可相夫，下可教子，近可宜家，远可善种。妇道既昌，千室良善"。整整10年后，梁启超作《学部奏定女子师范学堂章程折》，向朝廷报告说："京外臣工条奏请办女学堂者，不止一人一次。……且近来京外官商士民创立女学堂，所在多有。"提出制订章程加以规范。辛亥革命以后，女子教育随着整个国民教育事业的发展而发展，但总量和相对数量都还很小，女子高等教育则还是空白。根据国民政府1918年发布的1915年8月至1916年7月教育统计，全国在接受初、中、高等教育的男学生为411.3302万人，女学生仅为18.0949万人，女与男之比，为一与二十之比还不到。全国没有一所女子大学或专门学校，也没有一位女子在大学或专门学校接受高等教育。1919年3月，国民政府教育部发布的《全国教育计划书》提出，在北京筹设一所女子高等师范学校，以应时势之需，以后再在各省择要增设。1920年夏，南京高等师范学校在中国大学历史上首开女禁，招收正式女生8名、旁听生50名，与男生同堂学习，引起社会轰动。从这里可以看到，单就时间来说，在中国，女性进入高等教育领域比西方晚不了多少。但是，由于实际的社会发展程度、经济发展程度的落后，女性受教育的普遍程度与西方比，有非常大的差距。

对于华人来说，产生世界性的科学影响是以接受西方科学教育为前提的。华人女性出国留学到20世纪初始有记录。吴健雄1930年进入国立中央大学（其前身是南京高等师范学校）读书，1934年毕业。正是在这个中国现代女子高等教育的重要发源地之一，她得到了当时国内最好的高等教育。毕业以后她先到浙江大学做了一年助教，后到上海，进入设在亚尔培路的中央研究院物理研究所，在我国第一代海外留学归来的女博士顾静徽女士领导下从事光谱学研究。1936年，吴健雄赴美留学，她应该算作华人女子去海外求学的第二代了。

女子海外求学的第一代人中除了物理学家顾静徽，还有革命家秋瑾、文学家陈衡哲（1921年时的东南大学的第一位，也是当时全国唯一的华人女教授）等。第一代女子在海外接受了高等教育，回到国内，或投身革命，推动了中国社会的进步，或进入了大学和学术界，起了传播薪火的作用。在吴健雄这一代华人女性科学家中，产生了一批有影响的物理学人物。其中有代表性的，可以举出王明贞（1906—2010）、陆士嘉（1911—1986）、王承书（1912—1994）、周如松（1912—2005）、何泽慧（1914—2011）、林兰英（1918—2003）、谢希德（1921—2000）等。与她们同时代或稍晚些的其他领域的女科学家，有化学家黄量（1920—2013），地质学家池际尚（1917—1994），地层古生物学家郝诒纯（1920—2001），天文学家叶叔华（1927—　），计算机科学家夏培肃（1923—2014）。在妇幼卫生科学领域，则有"我国妇幼卫生事业的拓荒者"杨崇瑞（1891—1983），护理事业的开拓者聂毓禅（1903—1997），世界著名妇产科学家林巧稚（1901—1983），儿童少年卫生学家、医学教育家叶恭绍（1908—1998），等等。这些女性科学家的成就是相当出色的，例如，王明贞曾在著名物理学家乌伦贝克的指导下，对玻尔兹曼方程作了许多研究，其博士论文《玻尔兹曼方程不同解法的研究》（1942）首次独立地从福克－普朗克方程和克拉默斯方程中推导出自由粒子和简谐振子的布朗运动。她与乌伦贝克1945年合作的有关布朗运动理论的研究结果，在近几十年的时间内一直作为了解布朗运动的最主要文章之一，据《新清华》网络版介绍，至2002年王明贞96岁华诞时，已有1278次引用。另外何泽慧与钱三强合作，1946年研究并发现了核裂变的三分裂现象；她还首先观察到四分裂现象；等等。

与这些杰出女性相比，吴健雄的贡献和影响更具有世界性质，因为她长期工作在20世纪的世界科学中心。当1936年吴健雄赴美留学时，奥本海默等一批美国年轻学者刚从欧洲学成归国不久，但科学的重心已经开始向美国转移。随后，由于第二次世界大战对欧洲的影响，爱因斯坦、费米、冯·诺伊曼、哥德尔、外尔、诺特、塞格雷、冯·卡门等一大批欧洲科学家移居美国，正式确立了美国在世界科学界的中心地位。在这一过程中，吴健雄开疆拓土，独领一方。20世纪40年代她即成为β衰变实验方面享有国际声誉的一流专家。20世纪50年代她与李政道、杨振宁完成了宇称发现。20世纪60年代她组织了矢量流守恒实验。20世纪70年代她当选为美国物理学会会长，与密立根、康普顿、奥本海默、拉比、费米等一样成为物理学的一代旗手。由于吴健雄的出色物理学研究工作，她被普林斯顿大学和哈佛大学等20多所著名高校授予荣誉博士学位或聘为荣誉教授，获得了包括美国国家科学勋章和沃尔夫奖在内的40多项奖励，与居里夫人、迈特纳、玛丽·梅耶等科学女性一道，被物理学界公认为是人类历史上最杰出的女性物理学家。

在中华民族的历史上，有许多杰出的女性，相对说来，女科学家比较少，而产生世界性影响的女科学家更少，产生重大世界性影响的女科学家则少之又少。吴健雄是华人女性中第一位有重大世界性影响的女科学家，是华人女性的杰出代表，值得我们自豪和纪念。

（作者：肖太陶）

参考资料

伦琴 卓尔不凡的实验物理学家

[1] Otto Glasser. Wilhelm Conrad Röntgen and the Early History of the Röntgen Rays [M]. London：John Bale，Sons & Danielsson，Ltd.，1933.

[2] 埃米里奥·赛格雷. 从X射线到夸克——近代物理学家和他们的发现[M]. 夏孝勇，等译. 上海：上海科学技术文献出版社，1984.

[3] 弗里德里希·赫尔内克. 原子时代的先驱者：世界著名物理学家传记[M]. 徐新民，译. 北京：科学技术文献出版社，1981.

[4] Loren R. Graham. Science in Russia and the Soviet Union：A Short History [M]. London：Cambridge University Press，1994.

卢瑟福 核物理奠基人和培养人才的巨匠

[1] A. S. Eve. Rutherford [M]. London：Cambridge University Press，1939.

[2] J. Chadwick. The Collected Papers of Lord Rutherford of Nelson [C]. Vol. II. London：George Allen & Unwin Ltd.，1963.

[3] J. L. Heilbron. Ernest Rutherford and the Explosion of Atoms [M]. Oxford and New York：Oxford University Press，2003.

密立根 一不留神投身于物理学的文科生

[1] Robert A. Millikan. The Autobiography of Robert A. Millikan [M]. London：

Macdonald, 1950.

[2] Robert H. Kargon. The Rise of Robert Millikan: Portrait of a Life in American Science[M]. Ithaca: Cornell University Press, 1982.

[3] Robert A. Millikan, Electrons (+ and -), Protons, Photons, Neutrons, Mesotrons and Cosmic Rays [M]. Chicago: University of Chicago Press; London: Cambridge University Press, 1947.

[4] Robert A. Millikan. Science and Civilization [M]. New York: Charles Scribner's Sons, 1930.

布拉格 最年轻的诺贝尔奖获得者

[1] W. L. Bragg. The Development of X-ray Analysis [M]. London: G. Bell and Sons, Ltd., 1975.

[2] M. F. Perutz. Origins of Molecular Biology [J]. New Scientist, 1980.

[3] M. F. Perutz, Bragg. Protein Crystalography and the Cavendish Laboratory [J]. Acta Cryst., 1970.

[4] W. L. Bragg. The Structure of Some Crystals as Indicated by their Diffraction of X-rays [J]. Proc. Roy. Soc. Lond., 1913.

[5] L. 布拉格. 晶体对X射线的衍射[M]. 宋玉升,等译.《诺贝尔奖获得者演讲集》物理学(第一卷). 北京:科学出版社,1985.

卡皮查 经历奇特、成就杰出的苏联物理学家

[1] D. Shoenberg. Piotr Leonidovich Kapitza [J]. Biographical Memoirs of the Royal Society, 1985.

[2] F. B. Kedrov. Kapitza: Life and Discoveries [M]. Moscow: Mir Publishers, 1984.

[3] L. Badash. Kapitza, Rutherford, and the Kremlin [M]. New Haven: Yale University Press, 1985.

[4] D. ter Haar. Collected Papers of P. L. Kapitza [M]. Oxford: Pergamon Press, Vol. 1, (1964); Vol.2, (1965); Vol. 4, (1986).

拉比　平民、科学家和政治活动家

[1] John S. Rigden. Rabi, Seientist and Citizen [M]. New York: Basic Books, Inc. Pub., 1987.

[2] I. I. Rabi. On the Principal Magnetic Susceptibilities of Crystals [J]. Physical Review, 1927.

[3] I. I. Rabi. Refraction of Beams of Molecules [J]. Nature 123, 1929.

[4] 郭奕玲,沈慧君. 近代物理学发展中的著名实验 [M]. 长沙:湖南教育出版社, 1990.

[5] I. I. Rabi. Science: The Center of Culture [M]. New York: World Pub., 1970.

塞格雷　技术精湛的实验物理学大师

[1] Emilio Segrè. A Mind Always in Motion [M]. California: University of California Press, 1993.

[2] Laura Fermi. Atoms in the family [M]. Chicago: University of Chicago Press, 1995.

[3] Nuel Pharr Davis. Lawrence and Oppenheimer [M]. New York: Simon and Schuster, 1968.

[4] Richard Rhodes. The Making of the Atomic Bomb [M]. New York: Simon & Schuster, 1986.

[5] Emilio Segrè. From X-Rays to Quarks: Modern Physicists and Their Discoveries

[M]. Berkley: University of California, 1980.

吴健雄 与诺奖擦肩而过的华人女实验物理学家

[1] 江才健. 吴健雄——物理科学的第一夫人[M]. 上海: 复旦大学出版社, 1997.

[2] 陆埮. 吴健雄的主要科学贡献——为纪念吴健雄逝世一周年而作[J]. 现代物理知识, 1998.

[3] 埃米里奥·赛格雷. 从X射线到夸克——近代物理学家和他们的发现[M]. 夏孝勇, 等译. 上海: 上海科学技术文献出版社, 1984.

[4] 冯端, 陆埮. 半个世纪的科学生涯——吴健雄袁家骝文集[C]. 南京: 南京大学出版社, 1992.

[5] 阿·热. 可怕的对称——现代物理学中美的探索[M]. 荀坤, 劳玉军, 译. 长沙: 湖南科学技术出版社, 1992.

人名对照表

（按外文姓氏的首字母排序）

A

阿贝——E. Abbe
艾贝森——Philip Abelson
安伯勒——E. Ambler
阿列克谢耶芙娜——Anna Alexeevna
艾伦——I. F. Allen
阿尔瓦雷兹——Luis W. Alvarez
阿玛尔迪——Edoardo Amaldi
安伯勒——E. Ambler
安德森——C. Anderson
阿普顿——Edward Victor Appleton
阿伦尼乌斯——S. A. Arrhenius
阿托姆——Camillo Artom
阿斯顿——Francis William Aston

B

培根——F. Bacon
巴彻——Bacher
贝达什——L. Badash
拜耳——A. von Baeyer
班布里奇——Kenneth Bainbridge
鲍德温——S. Baldwin

巴洛特——Balech
巴洛——W. Barlow
贝可勒尔——Antoine Henri Becquerel
贝尔纳——J. D. Berhal
贝利亚——L. Beria
贝尔塔——Anna Bertha
贝特——H. A. Bethe
别尔格——Dane Bierge
比特——Francis Bitter
布莱克特——P. M. S. Blackette
布洛赫——Felix Bloch
玻尔——N. Bohr
玻尔兹曼——L. Boltzmann
玻恩——M. Born
博赞基特——C. H. Bosanquet
鲍维利——Boveli
布拉德利——A. J. Bradley
老布拉格——William Henry Bragg
布拉格——William Lawrence Bragg
布雷特——Gregory Breit
布罗克——Van der Broek
布朗——G. B. Brown
布哈林——N. Bukharin

C

卡文迪许——H. Cavendish
查德威克——James Chadwick
张伯伦——Owen Chamberlian
克劳修斯——R. E. Clausius
科克伦——W. Cochron
考克罗夫特——J. Cockcroft
哥德斯坦——E. Coldstein
柯林斯——S. C. Collins
库克赛——Don Cooksey
康普顿——A. H. Compton
康登——Edward Condon
科诺——Robert Cornog
科森——Dale Corson
克里克——F. Crick
克利斯托维尔——Cristowell
克鲁克斯——Crookes
克劳富特——D. Crowfoot
居里——Pierre Curie
居里夫人——M. Curie

D

戴维森——G. J. Davisson
戴维——Humpbrey Davy
C. G. 达尔文——C. G. Darwin
德布罗意——L. V. de Broglie
德拜——Peter Debye
狄拉克——P. A. M. Dirac

德鲁德——Paul Drude
杜安——W. Duane
杜布里奇——Lee DuBridge

E

爱迪生——T. Edison
爱因斯坦——A. Einstein
埃伦费斯特——Paul Ehrenfest
爱斯特曼——I. Estermann
厄瓦尔德——Ewald

F

法詹斯——K. Fajans
法拉第——M. Faraday
福爱——Fay Ajzenberg-Selove
芬博格——Eugene Feenberg
费米——Enrico Fermi
费曼——Richard Feynman
费歇尔——E. Fischer
福克——Fokker
福勒——A. Fowler
福勒——William A. Fowler
弗兰克——James Franck
富兰克林——B. Franklin
弗拉瑟——Ronald Fraser
弗里德里希——W. Friedrich
弗里什——Otto Robert Frisch

G

盖尔——H. C. Gale

伽伐尼——Galvani

高斯——Carl Friedrich Gauss

盖革——Hans Wilhelm Geiger

伽莫夫——George Gamow

加尔文——R. Garwin

盖尔曼——Murray Gell-Mann

盖拉赫——Walther Gerlach

革末——Lester Germer

高德哈伯——Gerson Goldhaber

哥德尔——Kurt Godel

戈德施米特——V. M. Goldschmidt

H

海克尔——Haeckel

哈恩——Otto Hahn

海尔——George Ellery Hale

霍尔——E. H. Hall

哈马舍尔德——Dag Hammarskjöld

哈代——C. H. Hardy

哈特里——D. R. Hartree

哈维格斯特——R. J. Havighurst

海森伯——W. Heisenberg

亥姆霍兹
——Hermann Ludwig Ferdinand von Helmholtz

赫兹——H. Hertz

赫维希——Georgede Hevesy

赫威什——A. Hewish

希尔伯特——D. Hilbert

冯·兴登堡——Von Hindenbury

希托夫——Hittorf

胡克——A. Hooker

霍奇金——D. C. Hodgkin

I

英格利斯——D. R. Inglis

J

约飞——A. F. Joffe

约里奥 - 居里——F. Joliot-Curie

约瑟菲——B. Josephy

焦耳——J. P. Joule

K

加米涅夫——L. Kamenev

卡皮查——Peter Leonidovich Kapitza

冯·卡门——Theodore von Karman

开索姆——W. Keesom

克罗齐——Kellogg

肯德鲁——John C. Kendrew

肯尼迪——Joseph Kennedy

克莱因——Felix Klein

开尔文——Kelvin

　　（即威廉·汤姆孙——W. Thomson）

克尼平——R. Kinpping

基尔霍夫——G. R. Kirchhoff

科诺埃尔——F. Knauer

克利克尔——Köllicker

克拉默斯——H. Kramers

克罗宁——Ralph Kronig

克里洛夫——A. N. Krylov

库恩——Thomas S. Kuhn

孔特——Kundt

L

兰姆——H. Lamb

朗道——L. Landau

朗之万——P. Langevin

朗斯多夫——Alex Jr Langsdorf

冯·劳厄——M. T. F von Laue

劳伦斯——Ernest O. Lawrence

莱德曼——L. Lederman

勒纳——P. E. A. von Lenard

李比希——J. V. Liebig

利埃纳——A. M. Liénard

利普森——H. Lipson

利斯特——Joseph Lister

伦敦——Fritz London

鲁米斯——L. Alfred Loomis

洛伦兹——H. A. Lorentz

李森科——T. Lysenko

M

马赫——E. Mach

马格努斯——H. G. Magnus

麦斯基——I. Maisky

马约拉纳——Ettore Majorana

麦克米伦——Edwin MaMillan

麦克斯韦——John Clerk Maxwell

麦克劳林——McLaughlin

麦德维杰夫——Z. A. Medvedev

迈特纳——Lise Meitner

爱德华·梅伦比爵士

　　——Sir Edward Mellanby

门捷列夫——D. I. Mendeléev

迈尔——Meyer

米尔斯——H. Miers

迈克尔逊——Albert Abrahan Michelson

密立根——Robert Andrews Millikan

米森纳——A. D. Misener

莫洛托夫——V. Molotov

蒙德——L. Mond

莫塞莱——H. Moseley

莫特——N. F. Mott

N

长冈半太郎——H. Nagaoka

奈德梅耶——Seth Neddermeyer
能斯特——Hermann Walter Nernst
冯·诺伊曼——John von Neumann
纽玛克——Helen Newmark
牛顿——I. Newton
尼科尔斯——Edward L. Nichols
诺特——Emmy Noether
诺思——A. C. T. North
诺易斯——A. Noyes

菲利普斯——D. C. Phillips
皮克林——E. C. Pickering
普拉杰——George Placzek
普朗克——Max Planck
庞加莱——H. Poicare
普珀——W. J. Pope
波特伍德——Portwood
普劳特——Prout
浦品——I. Pupin

O

欧姆——G. S. Ohm
奥里凡特——Mark Oliphant
昂纳斯——H. K. Onnes
奥本海默——Robert Oppenheimer
奥斯特瓦尔德——Wiliam Ostwald

R

拉比——Isidor Isaac Rabi
阮瓦特——J. Rainwater
拉曼——C. V. Raman
拉姆齐——Norman Ramsey
拉塞蒂——Franco Rasetti
瑞利——Lord Rayleigh
里斯——Rise
罗兰——Rowland
伦琴——Wilhelm Conrad Röntgen
卢瑟福——Ernest Rutherford
赖尔——M. Ryle

P

泡利——W. Pauli
鲍林——L. Pauling
巴甫洛夫——I. Pavlov
佩格勒姆——Pegram
佩耶尔——Rudolf Peierli
派尔斯——R. E. PeierIs
佩鲁茨——Max Ferdinand Perutz
彼德罗维奇——Leonid Petrovich
菲普斯——T. E. Phipps

S

萨哈罗夫——A. D. Sakharov
沙缪斯——N. Samios
希努尔曼——R. Schnurmann

薛定谔——E. Schrodinger
施温格——J. S. Schwinger
西博格——Glenn Seaborg
塞格雷——Emilio Gino Segrè
谢苗诺夫——N. N. Semenov
谢尔——K. Shel
休恩伯格——D. Shoenberg
斯考沃罗达——G. Skovoroda
斯诺——C. P. Snow
索迪——Frederick Soddy
索末菲——A. Sommerfeld
斯塔克——Johannes Stark
斯特布尼兹斯基
　　——Ieronim Ivanovich Stebnitsky
斯坦伯格——J. Steinberger
斯特恩——Otto Stern
斯图尔特——B. Stewart
斯托克斯——G. G. Stokes
斯特拉斯曼——F. Strassman
施特劳斯——Strauss
斯特莱顿——S. Stratton
西拉德——Leo Szilard

T

塔姆——I. Y. Tamm
泰勒——Geoffrey Taylor
约翰·泰勒——John Taylor
泰默——G. Temmer

汤普森——Benjamin Thompson
　　（即伦福德伯爵——Count Rumford）
J. J. 汤姆孙——Joseph John Thomson
W. 汤姆孙——William Thomson
　　（即开尔文勋爵——Lord Kelvin）
索恩顿——R. L. Thornton
托德——C. Todd
托洛斯基——L. Trosky
丁铎尔——John Tyndall

U

乌伦贝克——George Eugene Uhlenbeck
尤里——H. Urey

V

范特霍夫——Vant Hoff
瓦维洛夫——S. I. Vavilov
伏打——Alessandro Volta

W

范德瓦尔斯——J. D. van der Waals
瓦尔——Arthur Wahl
瓦尔顿——Ernest Thomas Sinton Walton
瓦萨斯泽纳——J. A. Wasastjerna
温瑞奇——Marcel Weinrich
冯·魏扎克——Carl von Weizsacker

韦斯特——J. West
韦斯考特——H. C. Westcott
外尔——Hermann Weyl
韦斯特格伦——J. Westgren
怀特海——A. N. Whitehead
维谢尔——E. Wiechert
威甘德——Clyde Wiegand
维恩——W. Wien
威廉斯——E. J. Williams
威利斯——Albert Potter Willis
威尔逊——C. T. R. Wilson
R. B. 威尔逊——Robert B. Wilson

Y

约克——Herbert York
伊普西兰蒂斯——Tom Ypsilantis
汤川秀树——Hideki Yukawa

Z

扎卡赖亚斯——J. R. Zacharias
塞曼——Pieter Zeeman
泽曼斯基——Mark Zemansky